消費者心理学のための統計学

市場調査と新商品開発

齋藤朗宏
荘島宏二郎

心理学のための統計学
8

誠信書房

シリーズまえがき

◆ラインアップ

「心理学のための統計学」シリーズは，心理学において必要な統計手法を広くカバーするべく用意いたしました。現在のところ，本シリーズは，以下のようなラインアップとなっています。

巻号	タイトル	主な内容
第1巻	心理学のための統計学入門 ── ココロのデータ分析	記述統計量・相関係数・正規分布・統計的仮説検定・z 検定
第2巻	実験心理学のための統計学 ── t 検定と分散分析	t 検定・一要因分散分析・二要因分散分析
第3巻	社会心理学のための統計学 ── 心理尺度の構成と分析	因子分析・重回帰分析・階層的重回帰分析・共分散分析・媒介分析
第4巻	教育心理学のための統計学 ── テストでココロをはかる	信頼性係数・項目反応理論・マルチレベル分析・適性処遇交互作用
第5巻	臨床心理学のための統計学 ── 心理臨床のデータ分析	メタ分析・例数設計・検定力分析・ROC 曲線
第6巻	パーソナリティ心理学のための統計学 ── 構造方程式モデリング	確認的因子分析・パス解析・構造方程式モデリング（共分散構造分析）・信頼性・妥当性
第7巻	発達心理学のための統計学 ── 縦断データの分析	縦断データ解析・欠測データ・潜在成長モデル
第8巻	消費者心理学のための統計学 ── 市場調査と新商品開発	クラスター分析・コレスポンデンス分析・ロジスティック回帰分析
第9巻	犯罪心理学のための統計学 ── 犯人のココロをさぐる	多次元尺度法・決定木・ナイーブベイズ・ブートストラップ・数量化理論・生存時間分析・地理空間分析

◆コンセプト

各巻は，個別心理学のストーリーに寄り添いながら，統計手法を勉強するつくりになっています。たとえば，『社会心理学のための統計学』では，「態度」や「対人認知」など社会心理学における重要な概念を学びつつ，統計手法を抱き合わせで解説しています。

効率性を重視したならば，これほどの巻数を必要とせずに少ない巻数で統計学を学習することができるでしょう。しかし，**本シリーズは，個別心理学のストーリーを最優先にして，個別心理学の文脈の中で統計学を学ぶというスタンスをとっています。**心理の学生には，このようなコンセプトのほうが学習効果が高いと願ってのことです。

ただし，各巻は，個別心理学でよく用いられる統計手法を優先的に取り上げていますが，たとえば『社会心理学の統計学』を学べば，社会心理学に必要な統計手法がすべて網羅されているわけではありません。統計手法は，各巻でなるべく重複しないように配置しています。また，巻号が後ろになるほど高度な内容になっています。したがって，意欲的な読者は，自分の専門でない心理学分野で頻用される統計手法についても学習を進めることをお勧めします。

◆読者層

おおむね第1～5巻は学部生を対象に，第6巻以降は大学院生を対象と考えています。

◆構成

各巻は，おおむね7章構成となっており，各章はおよそ授業1コマで教える内容量となっています。つまり，2巻で半期（半年）の分量となっています。

◆伴走サイト

以下に，URLで伴走サイト（accompanying site）を用意しています。ここには，本書で用いたデータ，分析のためのソフトウェアプログラム，授業のパワーポイント教材（教員向け），Quizの解答などが置いてあります。どうぞご自由にお使いください。

http://shojima.starfree.jp/psychometrics/

◆父へ

いつも優しい父でいてくれてありがとう。安らかに眠ってください。

◆最後に

本シリーズが皆さまの学習を促進し，よりよい成果を導くことを願っています。また，本シリーズを上梓するうえで，誠信書房の中澤美穂様に多大なお世話になりました。この場をもちまして厚くお礼申し上げます。

2022年7月

シリーズ編者　荘島 宏二郎

まえがき

◆本書の説明

本書は，特に消費者の意思決定という点に着目した，消費者行動の分析や，マーケティングリサーチなどで用いられる統計解析手法に関する本です。基本的な回帰分析なら経験はあり，かつRやPythonといったソフトウェア，言語を利用したデータの集計等の経験がある学部上級生～大学院生が読むことを意識しています。RやPythonの利用経験がない場合には，後述する説明を踏まえて読み進めてください。

この本の特徴は以下の2点です。

1つ目は，その分析手法が，何のために，どのようなことを行っているのかを，できる限り言語化し，なるべく数式を使わずに説明していることです。何のためにその分析手法を使うのかがわかれば，どういった場面で使えばよいのかの判断ができます。そして，どのようなことを行っているのか知ることができれば，分析の際に何をするのは良くて，何をしてはいけないのかを，ある程度自分で判断できるようになります。これらの点を通して，間違えずに使えるような知識の習得を目指しました。

2つ目は，説明のために用いている応用事例はすべて，生のデータを分析していることです。学習のために作られた人工的なデータを分析することそれ自体は，もちろん有効な学習法です。ただ，本書で意識しているような分析手法を用いる場合，そもそも，どのようにしてデータを収集すればよいのかも，重要な問題になります。本書全体を通して，「液晶テレビの商品選択」という1つのテーマの下，本書のために実際に調査を行った生のデータを分析対象としています。それを通して，リアルなデータ分析を体験できると同時に，実際に学習者自身が調査研究を行う際に，どのように項目を作り，どのような形式のデータを収集すればよいのかを知るための助けにもなると考えています。

本書を用いて学習する際には，伴走サイトからデータをダウンロードしたうえで，適宜Quizを確認し，Quizと並行して，実際にソフトウェアを動かしながら読み進めることを推奨します。Quizの順に操作を進めることで，内容の理解を深めることができるよう意図して組み立ててあります。慣れるまでは難しいかもしれませんが，実際にデータを操作しながら読むことの学習効果は大きいです。

RやPythonの経験がない場合，Quizを自力で実行することは難しいですが，その場合には，取りあえず伴走サイトの該当箇所をCopy & Pasteして実行してみる，という対処法をお勧めします。それだけでも，やっていることを把握することは可能であり，理解の助けになります。未経験者がプログラムを実行できるようになるための最低限の情報についても，伴走サイトで提供していますので，併せてご利用ください。

データを操作し，消費者行動やマーケティングに関する知識を発見する。本書がその面白さを感じていただくための一助となれば，著者としてこれ以上の喜びはありません。

◆謝辞

大学学部，大学院時代の恩師である早稲田大学文学学術院教授の豊田秀樹先生には，統計学の基礎から，統計学を通した物事の理解の仕方，心理学という立場で統計を研究することの意義など，学問の世界で生きていくうえで指針となるさまざまな知識，考え方をご指導いただきました。長年にわたりご指導いただくなかで学んだ「どうあるべきか」を，本書という形で，私なりに表現したつもりでいます。心より御礼申し上げます。

誠信書房編集部の中澤美穂様には，私の遅筆で大変なご迷惑をおかけいたしました。お詫びと御礼申し上げます。

最後に，本書執筆のために利用したアンケートにご協力いただいた皆様，また，本書執筆途中の内容を元とした授業に参加していただき，さまざまなコメントを下さった北九州市立大学経済学部，北九州市立大学大学院マネジメント研究科の履修者の皆様に，厚く御礼申し上げます。

2022年7月

第1著者　齋藤朗宏

目　次

第7章 意思決定と決定過程の検討 ── AHP・集団AHP 117

付　録

第1章 消費者の傾向を探る ── コレスポンデンス分析

消費者の行動を把握・理解する際には，その行動の傾向を分析する方法がよくとられます。ある商品の購買と関連する他の行動との関係から，その行動の背景を理解することは，今の状況を理解するにとどまらず，将来の購買行動の予測にもつなげることができます。こういった目的があるとき，大規模購買データを用いて隠された法則性を導き出すのが，現代では流行しています。

しかし，こういった大規模データは受動的に集まってくるもので，分析者や企画者が欲しい情報がいつも含まれているわけではありません。その意味では，きちんとした調査計画を行い，意味のある項目を作成し，能動的に集める数百件のアンケートの重要性は失われてはいません。

本書では全体を通して，表1-1に挙げた5つのテレビ案等について，大学生を対象に実際にアンケート調査を行った結果をもとに，消費者の行動について検討していきます。

表1-1　5つのテレビ案

機種	商品案	購入者数
A	24インチ，3D表示なし，外付けHDDに録画，ノーブランド，¥24,800	71
B	55インチ，3D表示あり，外付けHDDに録画，甲社，¥199,800	60
C	40インチ，3D表示なし，録画用HDDとBlu-rayレコーダー内蔵，乙社，¥145,800	161
D	32インチ，3D表示なし，録画機能なし，丙社，¥28,800	26
E	19インチ，3D表示なし，内蔵HDDに録画，丁社，¥39,800	66

まず，本章では，魅力的な商品を考える前提として，商品の位置づけを理解する方法について考えます。マーケティング戦略においては，**STP**という言葉がよく用いられます。**S**はSegmentation（市場細分化），**T**はTargeting（標的の設定），**P**は**Positioning**（**位置づけ**）という意味です。本章では，3番目の「位置づけ」について説明します。

位置づけとは，主に競合する複数の商品について，どの商品とどの商品がどのような側面で似ているのか，異なっているのか，といったことを検討することを指します。位置づけを行うことを**ポジショニング分析**と言いますが，ポジショニング分析には多くの手法があります。たとえば第3巻『社会心理学のための統計学』第2章の因子分析，第9巻『犯罪心理学のための統計学』第1章の多次元尺度構成法などもポジショニング分析として用いることがあります。

本章では，そのなかでコレスポンデンス分析と呼ばれる手法について紹介します。

本章で用いるデータは表1-2のとおりです。このデータから，たとえばスポーツを好む人は機種Cを好むというような関係性がわかれば，その商品のイメージを理解することができるし，また，機種Aと機種Dとで好まれ方の傾向が似ているのであれば，その2つの機種は似た特徴を持つと考えることができるわけです。

説明を簡単にするために，変数（「好きなジャンル」「欲しいテレビの機種」）から，それ

表1-2　本章で用いるデータ（抜粋）

ID	好きなジャンル	欲しいテレビの機種
1	音楽	機種A
2	映画	機種C
3	ドラマ	機種C
4	ドラマ	機種A
5	ドラマ	機種E
6	ドラマ	機種B
7	スポーツ	機種C
8	映画	機種E
9	映画	機種C
10	バラエティ	機種B

質問コーナー

STPについて，SとTも含めて詳しく教えてください。

20世紀初頭～中頃までの大量生産・大量消費が始まった時代では，同じものを大量に生産してコストを抑えることで，すべての人に同じものを買ってもらうという考え方が主流でした。たとえば，アメリカのフォード社は，1908年にフォード・モデルTを発表します。フォード社は，製造する車両をこの型に絞ることで，生産の効率化を実現し，圧倒的なシェアを手に入れました。このような生産・販売戦略をマスマーケティングと呼びます。マスマーケティングの環境下では，顧客は画一的な商品しか手に入れることができないかわりに，その商品を比較的安価に手に入れることができます。

しかし，そのような考え方は，ライフスタイルが多様化し，さまざまな選択肢が受け入れられる現代には合致しません。同じ顧客であっても，独身のときと子育て中などライフステージに応じて，車に求めることは変化していきます。このような点を踏まえ，良いものを安く作ればいいという企業側の論理ではなく，顧客が何を求めているのか知るという顧客志向のマーケティングという考え方から，STPを重視します。

S（segmentation）は，直訳としては「分けること」というような意味です。つまり，市場にいる人々を，何らかの特徴からグループ分けすることです。グループ分けには，年齢，性別といった，いわゆるデモグラフィック属性が使われることもあります。たとえば，40代既婚男性であれば，ファミリーカーを欲しがる可能性が高いなどです。他にも，パーソナリティ特性が用いられることもあります。環境への意識が高い人は，電気自動車を好むといった場合です。

T（targeting）は，セグメンテーションで細分化した市場のセグメントのなかで，どこに参入するかを決めることです。参入する市場を決めるうえでは，細分化した市場それぞれに対応した製品を投入するという考え方もあれば，特定の市場に絞って投入するという考え方もあります。軽自動車からファミリーカー，スポーツカーまですべてを作るのか，スポーツカーに絞って対応した市場での高いシェアを目指すか，ということです。

P（positioning）の内容は，本文で説明したとおりです。ポジショニングを通してターゲットとしたセグメントに対して，どのように自社の特徴を伝えていくか，また，そもそもどのセグメントに参入するか検討することになります。

ぞれカテゴリを4つずつ取り出しました。そのうえで，それぞれの組み合わせを好む人数がどの程度いるか集計した「**クロス集計表（分割表）**」は，表1-3のとおりとなりました。

表1-3　4つの番組ジャンル，4つの機種から作ったクロス集計表

番組ジャンル	機種A	機種C	機種D	機種E	合　計
アニメ	12	29	5	7	53
スポーツ	4	6	1	2	13
映画	5	16	1	6	28
音楽	5	10	2	4	21
合　計	26	61	9	19	115

たとえば，番組ジャンル「アニメ」を好み，「機種A」を欲しいと思っている回答者は12名いること，全体115人中，「機種C」を好む回答者が半数以上の61名いることなどがここから確認できます。また，「アニメ」を好み「機種C」を欲しいと思っている回答者が最も多いこともわかります。

ただ，番組ジャンルと機種との関係の解釈には，注意が必要です。たとえば，「スポーツ」と「機種C」を好む回答者は6人，「スポーツ」と「機種A」を好む回答者は4人ですが，これを「機種C」を好む回答者のほうが「機種A」を好む回答者よりも「スポーツ」を好む，と解釈することはできません。なぜなら，「機種C」を好む人は，「機種A」を好む人の2倍以上いるからです。この点を考慮して考えると，「機種C」を好む人のうち，「スポーツ」を好む割合は6/61＝9.84％であるのに対し，「機種A」を好む人のなかでの割合は4/26＝15.38％であり，「機種A」を好む人の方が「スポーツ」をより好んでいると解釈する必要があります。ポジショニングを分析するにあたっては，こういった割合も考慮に入れる必要があります。

以上を踏まえてポジショニング分析を行います。分析の目標は，図1-1のような**ポジショニングマップ**を作成し，それぞれの機種の位置づけなどを理解することです。それにあたり，図中のたとえば機種Aと機種Dはどれくらい異なっているのか，その距離の考え方について説明します。

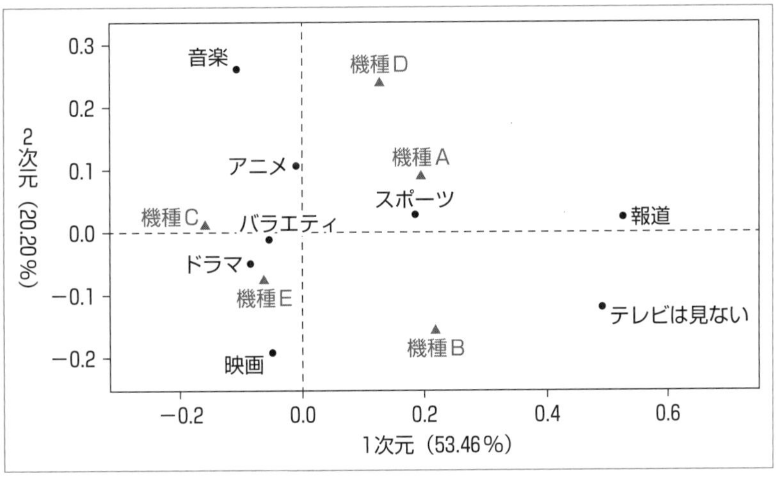

図1-1　コレスポンデンス分析によるポジショニングマップ

1.1 距離の定義

1.1.1 ユークリッド距離

東京と横浜の距離はどれくらい離れているかと聞かれたら，どのように答えるでしょうか。東京駅から横浜駅までの直線距離を測定してみると約27kmとなります。一方，実際に電車が動く経路を反映しているであろうJR東日本の営業キロは28.8kmです。また，その所要時間28分は「時間的距離」とも呼ばれます。

このように，ひとことで距離と言っても，さまざまな形の距離が定義できます。物質的な距離であってもこのように多様な距離が定義できるわけですから，「商品イメージの距離」のような概念には，いっそう多様な距離が定義できます。

こういった概念の距離を考えるとき，基本となるのは物質的な距離でも直線距離として使われている**ユークリッド距離**です。2次元平面の点P（1，2）と点Q（3，5）の距離d_{PQ}を求めたい場合，図1-2のように，x軸，y軸に平行な直線を描き直角三角形を作ることで，**ピタゴラスの定理**から以下のように求められます。ここで，P_xは点Pのx座標です。

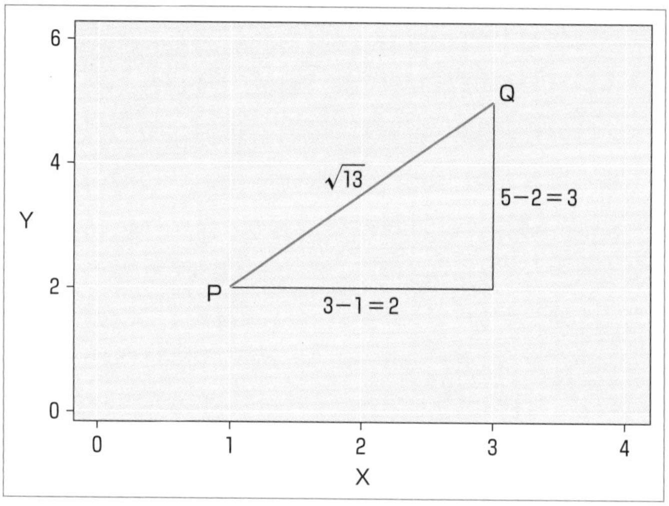

図1-2　ユークリッド距離の基本

$$d_{PQ} = \sqrt{(Q_x - P_x)^2 + (Q_y - P_y)^2} + \sqrt{(3-1)^2 + (5-2)^2} = \sqrt{13}$$

より一般的に，n次元空間における2点間の距離は，各次元における距離を2乗してその和を求め，その平方根で求められます。

$$d_{PQ} = \sqrt{\sum_{i=1}^{n} (Q_i - P_i)^2} \qquad [1\text{-}①]$$

このユークリッド距離を使うことで，クロス集計表から距離を考えることができます。「機種

A」と「機種C」の距離を考える場合,「アニメ」と回答した人数を1次元目,「スポーツ」と回答した人数を2次元目のようにすると，4次元空間上の座標として，表1-3より，それぞれA（12, 4, 5, 5），C（29, 6, 16, 10）と考えることができますから，単純に考えれば上の式より，以下のように2点間のユークリッド距離を求めることができます。

$$d_{AC}=\sqrt{(12-29)^2+(4-6)^2+(5-16)^2+(5-10)^2}$$
$$=\sqrt{289+4+121+25}=\sqrt{439}\fallingdotseq 20.95$$

ただ，この計算には一つ，重大な問題があります。先ほども述べたとおり，人数の違いを座標の違いと考える方法では,「機種C」を好む人が全体の半数以上いるといった，ある特定の選択肢をそもそも選ぶ人数の多さの影響を強く受けます。しかし，今回見たいのは,「機種A」を好む人の「スポーツ」を好む割合が，それ以外の機種を選択する人よりも高い，というような関係性です。そう考えると，全体のなかで「機種A」を選ぶ人の割合と「スポーツ」を好む割合とを考慮に入れたうえで，距離を定義する必要が出てきます。

1.1.2　カイ2乗距離

そこで，まず表1-3の**列**にあたる変数，欲しいテレビの「機種」について，カテゴリ「機種A」を選択した人のなかで，どれくらいの割合が**行**にあたるカテゴリ「アニメ」「スポーツ」などを好むのか，その割合を求めます。

そのために，各セルの値をその列の和で割ります。たとえば「機種A」を好む人数の合計26で,「機種A」と「アニメ」を選択した人数12を割るというように求められ，表1-4のとおりとなります。この，それぞれの機種（列）のなかで，それぞれの好きなジャンルが占める割合を**列プロファイル**と呼びます。なお，最後の**行質量**は，それぞれのジャンル（行）が全体に占める割合を意味します。

表1-4　列プロファイル

	機種A	機種C	機種D	機種E	行質量
アニメ	0.4615	0.4754	0.5556	0.3684	0.4609
スポーツ	0.1539	0.0984	0.1111	0.1053	0.1130
映画	0.1923	0.2623	0.1111	0.3158	0.2435
音楽	0.1923	0.1639	0.2222	0.2105	0.1826
列合計	1	1	1	1	1

この列プロファイルを用いることで，それぞれの機種が全体に占める割合の大きさによる影響を，取り除くことができます。ただ，この列プロファイルを用いてそのままユークリッド距離を求めるだけでは，今度はそれぞれのジャンルが全体に占める割合の大きさによる影響を取り除くことができません。この問題を解決することのできる距離の定義が，**カイ2乗距離**にな

ります。

たとえば，機種AとCの間のカイ2乗距離は，以下の［1-②］式のように定義されます。［1-①］式と見比べると，ユークリッド距離の計算式に，各ジャンルの行質量で割る部分が加わっています。これによりそれぞれのジャンルが全体に占める割合の影響が取り除かれていると言えます。

$$\chi^2{}_{AC}=\sqrt{\sum_i \frac{(\text{機種Cジャンル}\ i\ \text{の列プロファイル}-\text{機種Aジャンル}\ i\ \text{の列プロファイル})^2}{\text{ジャンル}\ i\ \text{の行質量}}} \quad [1\text{-②}]$$

実際に値を代入すると以下のようになります。

$$\chi^2{}_{AC}$$
$$=\sqrt{\frac{(0.4754-0.4615)^2}{0.4609}+\frac{(0.0984-0.1539)^2}{0.1130}+\frac{(0.2623-0.1923)^2}{0.2435}+\frac{(0.1639-0.1923)^2}{0.1826}}$$
$$=0.2284$$

同じようにして，すべての機種の組み合わせについてカイ2乗距離を求めた結果が表1-5です。当然のことですが，機種Aと機種Aの距離は0です。また，機種Aと機種Cの距離と，機種Cと機種Aの距離は等しいことも確認できます。

表1-5　機種間のカイ2乗距離

	機種A	機種C	機種D	機種E
機種A	0.0000	0.2284	0.2595	0.3227
機種C	0.2284	0.0000	0.3576	0.2211
機種D	0.2595	0.3576	0.0000	0.4991
機種E	0.3227	0.2211	0.4991	0.0000

1.2 距離関係の図示

本節では，前節で説明した距離関係を利用して，カテゴリA～D間の関係を図で表します。最初にDとEという2つのカテゴリだけしかないと仮定して，その関係を図示してみましょう。機種Dと機種Eの間の距離は0.4991なので，たとえば図1-3のように表すことができます。

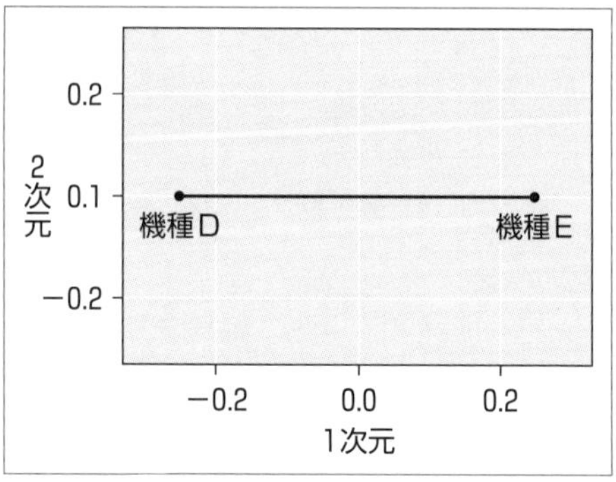

図1-3　2カテゴリの関係

この2つのカテゴリの関係は，x軸上で表されています。言い方を変えると，1次元の直線上の距離として表されているとも言えます。

次に，この関係に，機種Aを付け加えることを考えます。表1-5から，機種AとDの距離は

0.2595，AとEの距離は0.3227です。図1-3に機種Aを書き足すためには，機種Dから0.2595，機種Eから0.3227という2つの距離を，同時に満たす点を探さなければいけません。これは，機種Dを中心として半径0.2595の円を描き，同時に機種Eを中心として半径0.3227を描き，その2つの点が重なった位置ということになります。実際に2つの円を描いて点を探すと，図1-4の

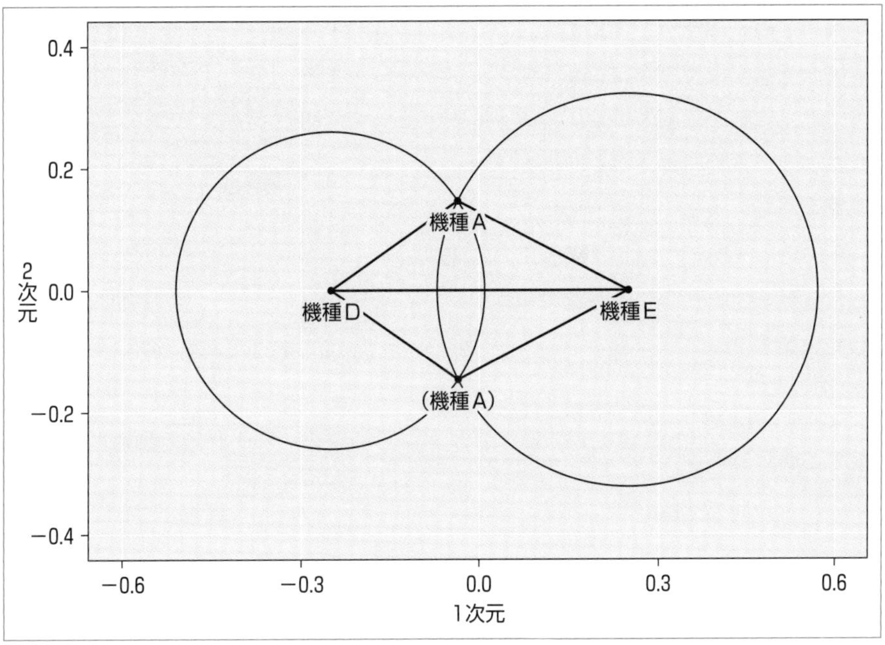

図1-4　3カテゴリの関係

質問コーナー

コレスポンデンス分析では，標準誤差などを求めることはできないのでしょうか？

コレスポンデンス分析は，標本から母集団の性質を予測するというタイプの分析手法ではなく，あくまでもクロス集計表の中の様相を可視化する手法ですので，母数と推定値との間の誤差という考え方，つまり標準誤差という考え方は基本的にありません。

ただ，コレスポンデンス分析の基礎となるカイ2乗距離をどれだけ正確に調べることができているか，それを検討することは可能です。カイ2乗距離は，クロス集計表におけるそれぞれの組み合わせについて，全体のなかでその列が占める割合，その行が占める割合を元に検討しています。つまり，たとえば表1-4について，機種Dを好んだ回答者に着目したとき，その回答者がどのジャンルを好んだのか，その割合をどれだけ正確に調べることができているかが，カイ2乗距離の推定誤差に影響します。これは割合の標準誤差の問題であり，それは，機種Dを好んだ人数が少ないほど大きくなります。したがって，9人しかいない機種Dを好んだ回答者から得られた結果の標準誤差は，かなり大きくなります。一方，61人いる機種Cを好んだ回答者から得られた結果は，それなりに安定していると期待できます。

こういった点を考慮することは可能で，特定の行，列に該当する人数があまりに少ないクロス集計表の場合には，その行，列を分析から取り除くことも検討するとよいでしょう。

ようになりました。

2つの円の交点は2つあり，そのどちらであっても3点の距離関係は満たされることになります。ここではとりあえず，y座標が正となる上側の点を機種Aの座標としておきます。実際のところ，距離関係が維持される3つの点というのは，ここで描かれた3つの点を頂点とする三角形を平行移動したり回転させたりすることによって，無数に定めることができます。このことは後で重要な意味を持つことになりますが，さしあたっては，各軸の座標の平均値（重心）が原点となるように平行移動させた，図1-5を用いて説明を進めていきます。

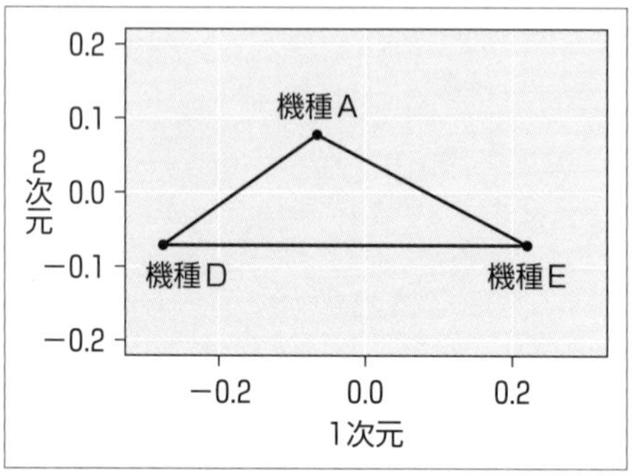

図1-5　重心調整後の3カテゴリの関係

なお，**平均値**は，以下のように機種A，D，Eと回答した人数を，それぞれの座標の値にかけて計算しています。

$$\text{x座標の平均値} = \frac{\text{Aのx座標} \times 26 + \text{Dのx座標} \times 9 + \text{Eのx座標} \times 19}{54}$$

これは，図を散布図と考えると，機種Aという1つの点は，実際にはAと回答した26人分，26個の点が重なって1つに見えているに過ぎないのだと考えればいいでしょう。

さて，この3点に，今度は機種Cを加えることを考えます。先ほどと同じように考えれば，機種A，D，Eの3点に，その点を中心としてそれぞれ半径0.2284，0.3576，0.2211の円を描き，3つの円の交点が機種Cの座標ということになります。実際に3つの円を描いた結果は図1-6のとおりでした。

このように，3つの円が交わる場所は，2次元平面上には存在しません。3つの距離を満たす機種Cの座標を探すためには，3つの座標からそれぞれの半径の球を描き，3球面の交点を探す必要があります。

3次元空間上に球を描くと図1-7のとおりとなりました。図は，見やすさのため横に180度回転しています。

この図では確認しづらいですが，実際には点A，D，Eの3点は，z＝0の平面（塗りつぶされた四角形の部分です）上にあります。そして，それぞれの点を中心とした球を描いた結果，3の球が交わっているのがC1とC2の点です。これらはそれぞれz＝±0.1405であり，z＝0の平面上にはありません。図1-6でも確認したとおり，2次元平面上には3つの球が交わる点は存在しないということです。交点は図1-4と同様に2カ所ありましたので，z座標が正となるほうの交点から機種Cの座標を書き加えた3次元空間は，図1-7のとおりとなりました。

このように，2カテゴリ間の距離関係を図示するためには1次元の直線，3カテゴリ間であれ

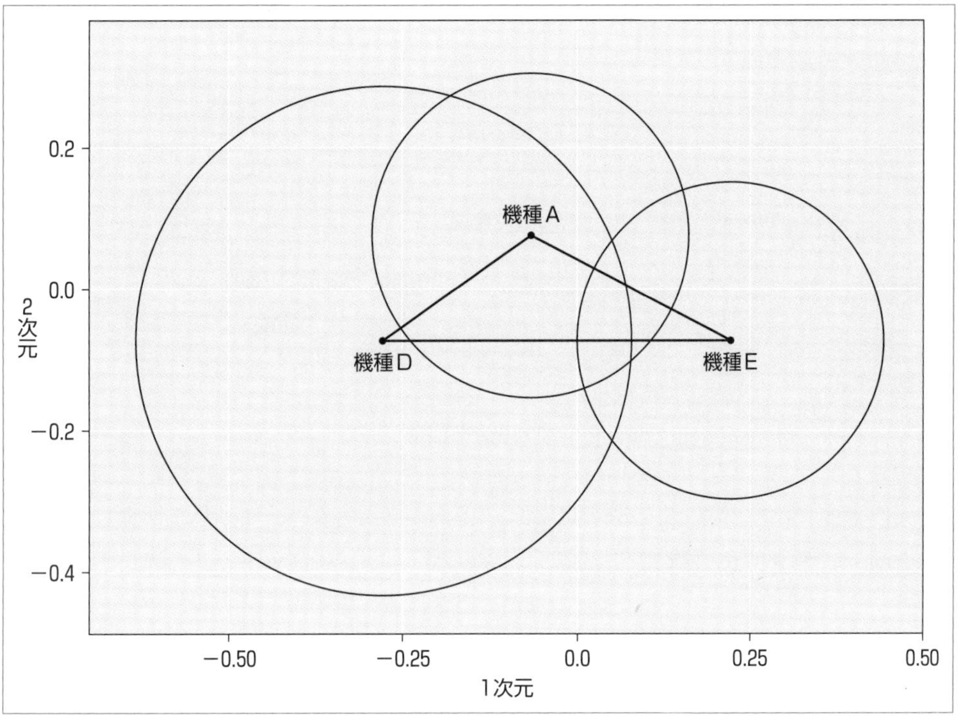

図1-6　機種A，D，Eと機種Cとの距離

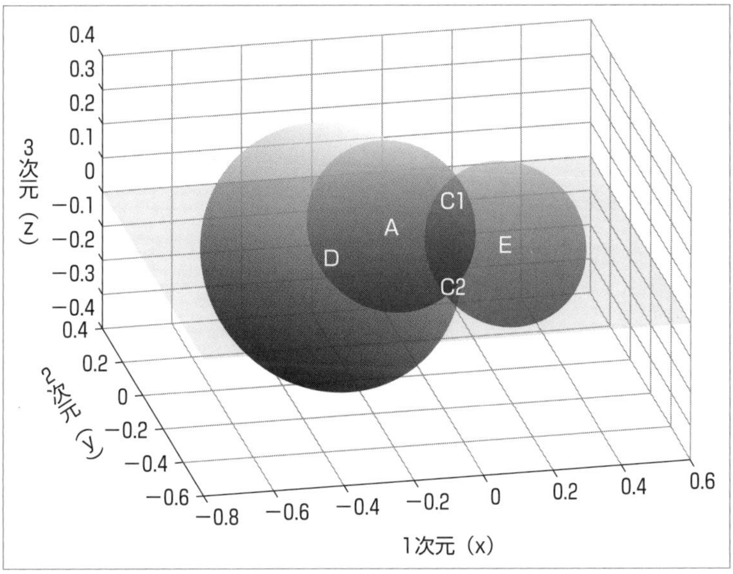

図1-7　4カテゴリの関係

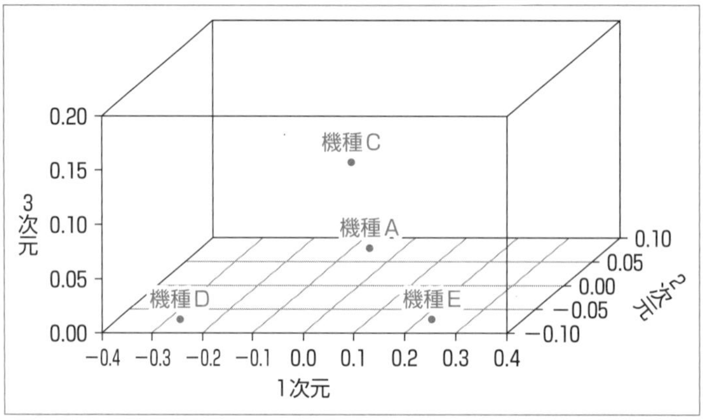

図1-8　4カテゴリの3次元プロット

ば2次元の平面，4カテゴリ間であれば3次元の空間が必要となります。以下同様に，nカテゴリ間の関係は，最大でn−1次元[*1]の空間がなければ，正確に図示することはできません。

4カテゴリ，3次元までなら頑張れば図示することはできますが（図1-8），4次元を超えてしまうと人間には見えません。そこで，本来多くの次元がなければ図示することのできない多くのカテゴリ間の距離関係を，可能な限り情報を維持しながら，少ない次元で表現する技術が必要となります。

1.3 次元縮約

図1-5に戻って，3つの点の関係からこの問題を考えてみます。その考え方を応用すれば，4つ以上の点の関係も同じように解決可能です。3つの点の関係は2次元平面で表現できていますが，この関係を1次元で表現するためにはどうしたらいいでしょうか。もともとの次元数より小さい次元数で空間を表現することを，**次元縮約**と言います。

最もシンプルなのは，それぞれの点のうち，x座標の情報のみを用いるという考え方です。x座標の値はそのままでy座標の値を0とすると，図1-9のようになります。図1-3と同じようにx軸上，つまり1次元直線上に3つの点が置かれていることが確認できます。また，機種DとEの距離が大きく離れ，機種Aはその間若干D寄りという情報も維持されており，次元縮約してもかなり正確に3つの点の関係を表すことができます。次に，この図を時計回りに90度回転させて同じことを行います。その結果が図1-10です。

このように，90度回転させてx座標（回転前のy座標）のみの情報を用いると，離れていたはずの機種DとEが同じ点につぶれてしまいました。つまり，次元縮約する際は，どの次元の情報を採用して，どの次元の情報を捨てるかの選択が重要になってきます。また，もともとの

＊1　図1-6のような円を描いたとき，たまたま3つの円の交点が平面上に存在すれば，4つのカテゴリは2次元平面で図示できます。このように，場合によってはn−1次元が必要とならない場合もあります。

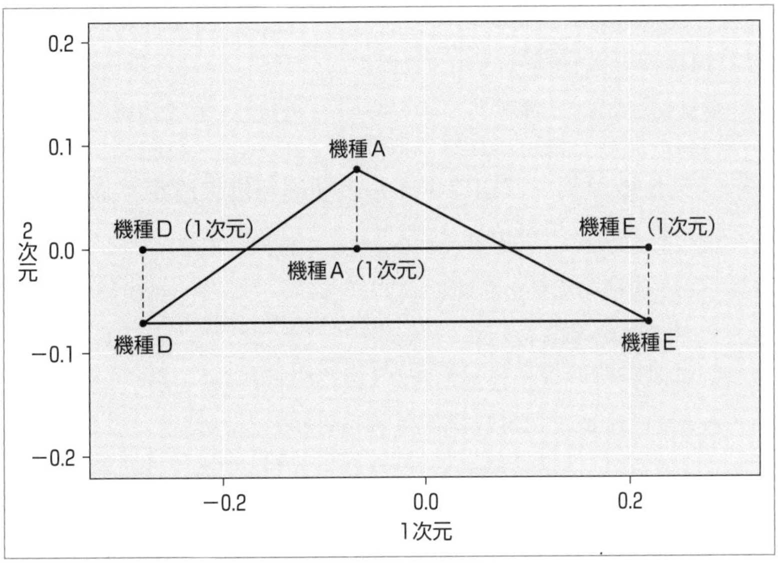

図1-9　2次元から1次元への次元縮約

軸（ここではx軸とy軸）を選択肢にする必要は必ずしもありません。どこか斜めの線を取り出しても良いわけです。3次元空間を2次元平面に縮約するときも，どこか斜めの平面を取り出してもよいのです。

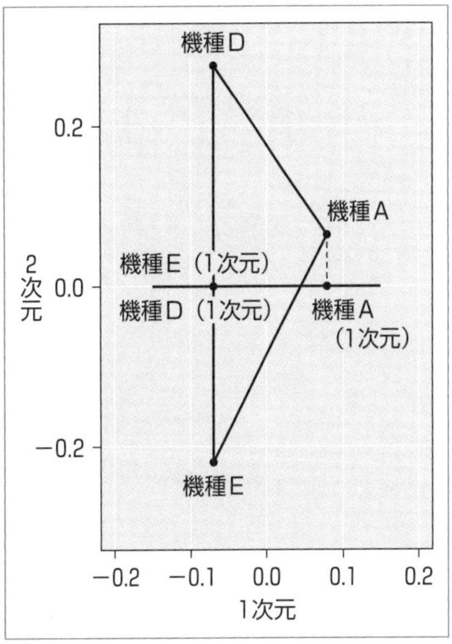

図1-10　図1-9を時計回りに90度回転させた場合の，1次元への次元縮約

1.3.1　最適な変換

それでは，適切な向きは，どうやって探せばいいのでしょうか。次元縮約の目的を考えると，前述のとおり，可能な限り情報を維持した向き（軸）です。この3点は，カテゴリ間のカイ2乗距離から布置したものですから，ここでいう情報とは，それぞれの点の間の距離ということになります。

ここで，図1-2や［1-①］式のユークリッド距離を思い出してみましょう。これらの図，式からどこかの次元iの情報を取り除くと，その次元iに対応する2点間の差を意味する値が取り除かれることになります。この取り除かれる値は0以上ですから，1つ分の次元の情報が取り除かれると，取り除かれた後の距離は，取り除かれる前の値以下になります。具体的には，図1-8の機種ADのx座標同士の距離（あるいはy座標同士の距離）は，機種ADの平面距離よりも短くなります。

よって，次元縮約するならば，図1-10よりも図1-9のように，縮約しても各点がばらついているほうがよいです。点が重なってしまうような縮約の仕方では，情報が失われてしまいます。

ばらつきとは，具体的には分散（あるいは標準偏差）のことです。つまり，今回で言えば分散の大きい次元（今回でいえばx軸）を採用すればよいのです。さらに，適切な変換を行うことによって，今よりももっと大きな分散が得られるように，各座標の値を調整することができます。

1.3.2 ストレッチ・プロファイルと初期座標の設定

それでは，座標の第1次元の分散が最大となるような位置（座標）を探してみましょう。

その前に，まず初期座標の位置を再設定しておきます。これまでの説明では，まずカイ2乗距離を求めたうえで，その距離に合うように適当に2点を置き，そこから1つずつ点を追加していきました。このやり方でも正しい座標を設定することはできますが，手間が大きいです。ただ，この処理を行わなければ正しい位置関係を再現することはできませんでした。しかし，列プロファイルの値をそのまま初期座標とすることは，点と点との間のカイ2乗距離をユークリッド距離と見なしているという矛盾がおきています。

ここで，［1-②］式を再掲します。この［1-②］式の分母をカッコの中に入れると，以下のように変形できます。

$$\chi^2{}_{AC}$$

$$= \sqrt{\sum_i \frac{(\text{機種Cジャンル } i \text{ の列プロファイル} - \text{機種Aジャンル } i \text{ の列プロファイル})^2}{\text{ジャンル } i \text{ の行質量}}}$$

$$= \sqrt{\sum_i \left(\frac{\text{機種Cジャンル } i \text{ の列プロファイル}}{\sqrt{\text{ジャンル } i \text{ の行質量}}} - \frac{\text{機種Aジャンル } i \text{ の列プロファイル}}{\sqrt{\text{ジャンル } i \text{ の行質量}}} \right)}$$

これは，$\dfrac{\text{機種Cジャンル}i\text{の列プロファイル}}{\sqrt{\text{ジャンル}i\text{の行質量}}}$をある点の$i$次元目の値と見なせば，［1-①］式のユークリッド距離の式の形です。よって，列プロファイルの値を，それぞれのジャンルの行質量の平方根で割れば，そのユークリッド距離を求めることは，列プロファイルにおけるカイ2乗距離を求めることと同じになります。

この変換はとても都合がよいです。なぜなら，この変換を行えば，その値を初期座標とすることで，カイ2乗距離の関係を維持した位置関係にすることができるからです。この変形した値をストレッチ・プロファイルと呼びます。

たとえば，表1-4における機種A×アニメの値を代入すると，以下のようになります。

$$\text{Aアニメ} = \frac{\text{Aアニメ列プロファイル}}{\sqrt{\text{アニメ行質量}}} = \frac{0.4615}{\sqrt{0.4609}} = 0.6799$$

このストレッチ・プロファイルを，表1-4のそれぞれの値について計算した結果が，表1-6

表1-6　ストレッチ・プロファイル

	機種A	機種C	機種D	機種E	平　均
アニメ	0.6799	0.7003	0.8183	0.5427	0.6789
スポーツ	0.4576	0.2925	0.3305	0.3131	0.3362
映画	0.3897	0.5316	0.2252	0.6400	0.4934
音楽	0.4500	0.3836	0.5200	0.4927	0.4273

です。

ここで，機種Aと機種Cのユークリッド距離を求めると，以下のとおりです。

$$d_{AC}$$
$$= \sqrt{(0.4576-0.6799)^2+(0.2925-0.7003)^2+(0.3305-0.8183)^2+(0.3131-0.5427)^2}$$
$$= \sqrt{0.0522} = 0.2284$$

次に，図1-5と同じように平均値が原点となるように，ストレッチ・プロファイルから各次元（ここでは番組ジャンル）における平均値を引きます。ストレッチ・プロファイルの平均値は，結果的には行質量の平方根（つまり，ストレッチ・プロファイルを求める際の分母）と一致します。

これは，列プロファイルと行質量から求めた表1-5のカイ2乗距離と一致します。つまり，このストレッチ・プロファイルに基づいた初期座標を用いれば，座標間の距離をユークリッド距離と見なしてプロットしても，機種間のカイ2乗距離を維持した適切な位置関係になるのです。よって今後は，この表1-7を初期座標として考えていきます。

表1-7　初期座標

	機種A	機種C	機種D	機種E
アニメ（1次元目）	0.0010	0.0214	0.1395	−0.1362
スポーツ（2次元目）	0.1214	−0.0437	−0.0057	−0.0231
映画（3次元目）	−0.1037	0.0381	−0.2683	0.1465
音楽（4次元目）	0.0227	−0.0437	0.0927	0.0653

1.4 固有値分解と座標

表1-7で求めた機種ABCDは，4次元空間上に存在する4つの頂点を持つ多面体です。この多面体を適当に回転させて，1次元目の分散が最大になる向き（軸）を見つけ，そのときの機種ABCDの座標を求めるのが次の目標です。なお，初期座標（表1-7）の最初の2次元目まで取り出して，平面上にプロットした結果が図1-11です。これは実際には4次元空間上に存在する多面体で，それを平面上に映し出した状態と言えます。

さて，4次元空間に存在する4点の，1次元目の分散が最大になるような4次元空間の向き（第

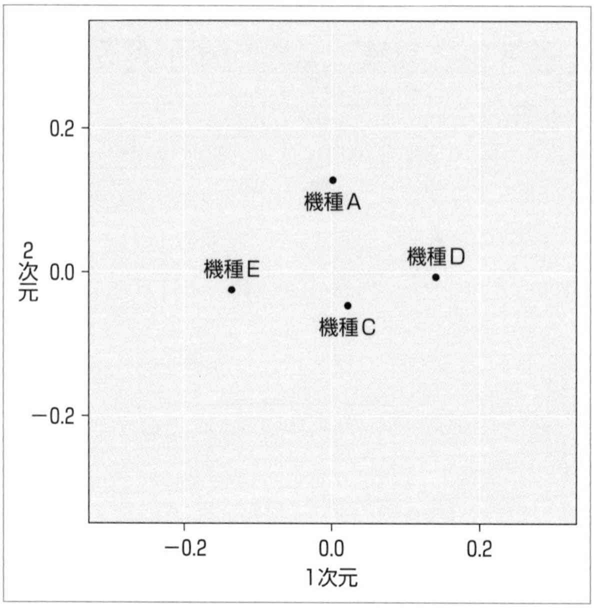

図1-11　初期座標（2次元目まで）

1軸）を見つけます。そして，第1軸を固定したうえで再度回転させ，その1次元目と直角に交わる軸のなかから，分散が1次元目の次に大きくなる向き（第2軸）を見つけます。以下，これ以上回転できる向きがなくなるまで続けます。

分散が最大になる向きを探す必要があるので，そのためには分散を求める必要があります。分散は，平均を出したときと同様に，たとえば機種Aという点には，機種Aと回答した26人分，26個の点が重なっていると考えます。また，表1-7の初期座標は平均0に調整されていますので，計算の際に平均値を引く必要がありません。よって，たとえば1次元目の分散は以下のように求められます。

$$V_1 = \frac{1}{115}(0.0010^2 \times 26 + 0.0214^2 \times 61 + 0.1395^2 \times 9 + (-0.1362)^2 \times 19) = 0.0048$$

同じようにして，1次元目と2次元目の共分散は，以下のようになります。

$$V_{12} = \frac{1}{115}(0.0010 \times 0.1214 \times 26 + 0.00214 \times (-0.00437) \times 61 + 0.1395 \times (-0.0057) \times 9 + (-0.1362) \times (-0.0231) \times 19) = -0.0000$$

これをそれぞれの組み合わせについて求めた共分散行列が，表1-8です。同じ次元同士の共分散は分散であり，1次元目と2次元目の共分散と，2次元目と1次元目の共分散は等しい値になっています。

表1-8　次元間共分散行列

	1次元目	2次元目	3次元目	4次元目
1次元目	0.0048	−0.0000	−0.0058	−0.0010
2次元目	−0.0000	0.0044	−0.0042	0.0013
3次元目	−0.0058	−0.0042	0.0124	−0.0018
4次元目	−0.0010	0.0013	−0.0018	0.0025

ここから先を理解するためには，大学数学レベルの知識が必要になります。そのため，ここではこれ以上の説明はしませんが，ここから，以下の手順によって変換後の座標を求めることができます。

❶ 共分散行列を固有値分解する。
❷ 固有値を大きい順に並べる。
❸ 1番大きな固有値が1次元目の分散，以下2番目は2次元目の分散，3番目は3次元目の分散……となる。
❹ 1番目に大きな固有値に対応する固有ベクトルを初期座標にかけることで，変換後の1次元目の座標が，以下2番目に大きな固有値の固有ベクトルをかけると2次元目……と，各次元の座標が求められる。

実際に分析してみると表1-9のようになりました。

表1-9　固有値と対応する固有ベクトル

固有値	0.0168	0.0055	0.0018	0.0000
アニメ（1次元目）	0.4065	0.6090	−0.0553	−0.6789
スポーツ（2次元目）	0.2994	−0.6319	−0.6308	−0.3362
映画（3次元目）	−0.8565	0.0078	−0.1514	−0.4934
音楽（4次元目）	0.1077	−0.4793	0.7590	−0.4273

この固有ベクトルを利用して，表1-7の機種Aの1次元目の変換後の座標は，以下のように求められます。

$$A_1 = 0.0010 \times 0.4065 + 0.1214 \times 0.2994 + (-0.1037) \times (-0.8565) + 0.0227 \times 0.1077 = 0.1280$$

また，機種Aの2次元目の変換後の座標は，以下のとおりです。

$$A_2 = 0.0010 \times 0.6090 + 0.1214 \times (-0.6319) + (-0.1037) \times 0.0078 + 0.0227 \times (-0.4793) = -0.0878$$

こうして求められた変換後の座標は，表1-10のとおりです。この値は，列スコアとも呼ばれます。ここから2次元を取り出した結果は，図1-12のとおりとなります。

表1-10　変換後の座標

	機種A	機種C	機種D	機種E
1次元目	0.1280	−0.0417	0.2947	−0.1808
2次元目	−0.0878	0.0619	0.0420	−0.0985
3次元目	−0.0437	−0.0126	0.1069	0.0495
4次元目	0.0000	0.0000	0.0000	0.0000

図1-11と図1-12は，どちらもx軸，y軸両方とも−0.3〜0.3の範囲を図示しており，縮尺は共通です。つまり，見た目の長さでそのまま比較可能です。見比べてみると，変換後の図1-12のほうが，点の散らばりが大きくなっています。つまり，初期座標よりも分散が大きい向きになっているということで，次元縮約に成功したことが確認できます。

ただし，この変換には注意が必要です。図1-13は，図1-1と同じデータを異なる関数を用いて，コレスポンデンス分析を実行した結果です。この2つの図を見比べてみると，1次元目の左右，2次元目の上下が入れ替わっていることがわかります。

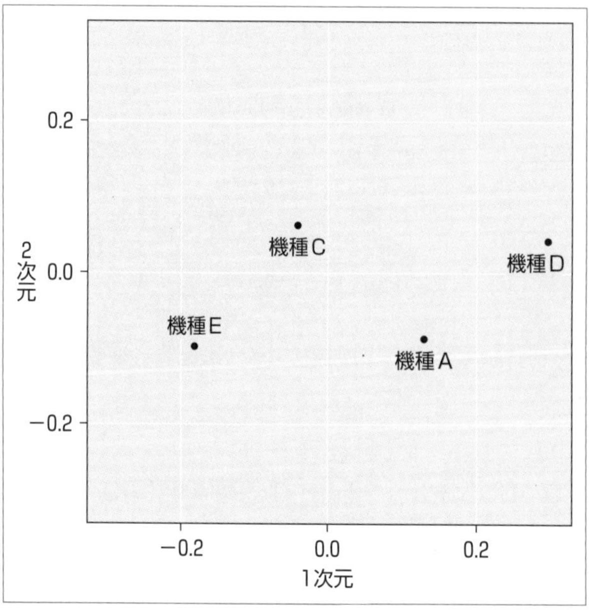

図1-12　変換後の布置

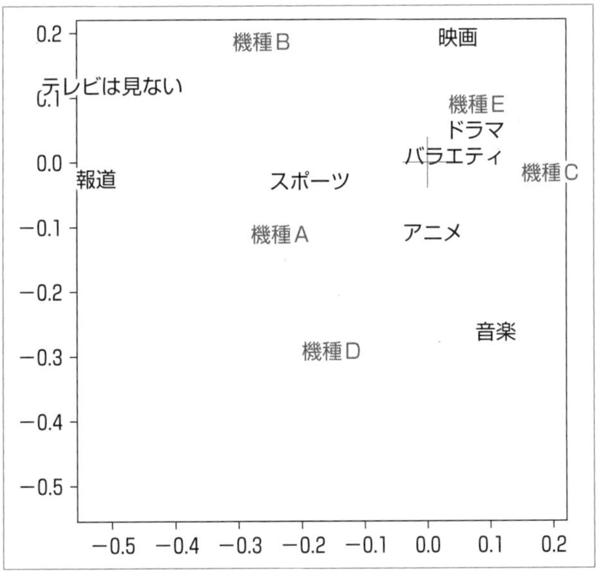

図1-13　図1-1と同じデータを別の関数で分析した結果

上下もしくは左右が入れ替わったとしても，分散は変わりません。なので，これはどちらも正しいということになります。これは，用いるソフトウェアなどの状況によって変わりうるもので，どのようになったとしても解釈上問題はありません。ただ，この性質があるという点に注意しておく必要があります。

1.5 座標の相互変換

ここまでで，変数「欲しいテレビの機種」について，カテゴリ間の距離関係をプロットすることができました。同じように，変数「好きなジャンル」についても，計算された行プロファイルと列質量から初期座標を求め，そこから共分散行列を求めて固有値分解し，初期座標に固有ベクトルをかけることで変換後の座標，すなわち行スコアを求めることができます。

これにより，欲しいテレビの機種間の関係性はどうなのか，番組ジャンル間の関係性はどうなのかを知ることはできました。しかし，本当に知りたいのは，たとえばスポーツ好きの人は機種Aを好みやすいといった，異なる変数間のカテゴリの関係性でしょう。この関係性は求められないのでしょうか。

これは難しい問題です。なぜなら，機種Aと機種Cの距離はカイ2乗距離によって定義されていますが，機種Aとスポーツとの距離というのは存在しないからです。そのため，何度か示したような同時プロットは行うべきではないという議論は繰り返されており，その議論自体は数学的に正当です。ただし，もともとは同じクロス集計表から求められた距離，位置関係であり，どちらの変数について分析しても，固有値は等しくなるという性質があります。

このことは，2つの変数がその軸，距離（分散）を共有していることを意味し，2つの変数それぞれについて求められた変換後の布置を重ねたとき，その位置が近くに存在しているのであれば，たとえ異なる変数間であったとしても，相対的な位置の近さに何の意味もないわけではありません。

たとえば，東京ドームのライトポール際に，100メートルのホームランを打った打者Aがいたとします。また，同時に横浜スタジアムのライトポール際に，100メートルのホームランを打った打者Bもいたとします。このとき，Aの打球が落ちた位置とBの打球が落ちた位置が直線距離でどれくらい離れているか，その距離を考えることに意味はありません（実際には31km程度離れています）。

ただ，どの球場であったとしても，投手が投げる位置や本塁の位置，各塁間の距離などはルールで共有されています。そのため，その位置を基準として2つの球場を重ねたときに，Aの打球とBの打球が相対的にどういった位置になるのか，近いのか遠いのかを解釈することは可能です。それと同じような意味で，軸や分散が共有されている以上，2つの図を重ねたときの相対的な位置には，ある程度関係性の情報が含まれていると言えます。

ただしここで，先ほど出てきた上下もしくは左右が入れ替わってしまう可能性が問題になります。これは，先ほどの野球の例で言えば，本塁を基準にして正反対の向きに飛んだ打球が，同じ方向と解釈されてしまう可能性があることを意味します。そうすると，まったく逆のものが近いと解釈される可能性があり，それは避けなければなりません。

それを避けるための方法として，たとえば列スコア（欲しい機種の変換後の座標）を変換することで，行スコア（好きなジャンルの変換後の座標）を求める計算があります。それぞれ，以下のように変換することで相互変換が可能です。そして，この変換を行った場合には，向きも含めて2つの変数間で共有されることになります。

$$\text{カテゴリ1次元1の行スコア} = \frac{\sum_{\text{列のすべてのカテゴリ}} \text{カテゴリ1の行プロファイル} \times \text{列スコア}}{\sqrt{\text{1番目の固有値}}}$$

$$\text{カテゴリ1次元1の列スコア} = \frac{\sum_{\text{行のすべてのカテゴリ}} \text{カテゴリ1の列プロファイル} \times \text{行スコア}}{\sqrt{\text{1番目の固有値}}}$$

1.6 結果の解釈

最終的には，図1-13のように両方の変数を重ねて図で示すことができ，また，変数間であっても相対的な位置関係を解釈することができます。

たとえば，スポーツや音楽を好む人は機種Aを好みやすい傾向がありました。機種Aは小型，格安ノーブランドの機種で，録画も外付けHDDでしかできません。しかし，家で見るぶんにはそれで充分という人が多かったわけです。大画面で迫力あるスポーツ観戦をしたい場合には，たとえばスポーツバーに行くなどの選択をするのかもしれません。

一方，高機能・高級機種と言える機種Cは，アニメ好きが好みやすいという結果でした。自宅で録画し，繰り返し見るという見方は，アニメの見方と合致している可能性があります。

また，固有値は分散の大きさでした。そして，分散は，カテゴリ間の距離がどれくらい離れているのかを意味していました。そして，すべての次元を用いた場合が最も正確な距離関係であり，その情報をできるだけ維持して次元縮約をするという説明をしました。ここから，各次元の分散（固有値）というのは，それぞれの次元がどの程度の距離関係の情報を持っているのか，その大きさと解釈することができます。

この意味で，全次元の固有値の合計のうち，各次元が占める割合は**寄与率**とも呼ばれます。ある2つの次元の寄与率の合計が100％に近いのであれば，その2つの次元で得られた距離関係が，すべての次元を用いて得た距離関係に近いのだと理解することができます。図1-1では寄与率の合計は92.49％であり，かなり正確に距離関係を維持できていると言えます。

Quiz

理解できたかチェックしてみよう！

問1：ソフトウェアを使って，表1-2のデータ（伴走サイトよりダウンロードしてください）について，「好きなジャンル（行頭）」×「欲しいテレビの機種（列頭）」のクロス集計表を作成してください。なお，表1-3のクロス集計表は，このクロス表の抜粋となっています。

問2：本文中の説明を逆にすると，機種Aを1次元目，機種Cを2次元目のように考えることで，ジャンル間の距離を出すことができます。表1-3のクロス集計表を元に，「アニメ」と「スポーツ」のユークリッド距離を求めてください。

問3：表1-4の列プロファイルを用いて，「機種D」と「機種E」とのカイ2乗距離を求めてください。

問4：表1-4の列プロファイルを用いて，「機種D」と「スポーツ」の組み合わせのストレッチ・プロファイルを求めてください。

問5：ソフトウェアを使って，問1で作成したクロス集計表を用いて，コレスポンデンス分析を実行してください。また，その結果から何がわかるか解釈してください。

第2章 類似したものをまとめる ── クラスター分析

第1章では，好きな番組ジャンルとの関係性から，それぞれの商品の位置づけを知ることができる「ポジショニング」の方法として，コレスポンデンス分析を紹介しました。本章では，位置づけられた対象について，似たもの同士をまとめ上げる手法である**クラスター分析**について説明します。まとまりのことをクラスターと言うので，クラスター分析と言います。

図2-1は，第1章で説明した，好きな番組ジャンルと欲しいテレビの機種との関係を，コレスポンデンス分析によって表した図です。まずこの5つの機種について，どの機種とどの機種とが似ていて，一つのグループにまとめられるのかを考えます。

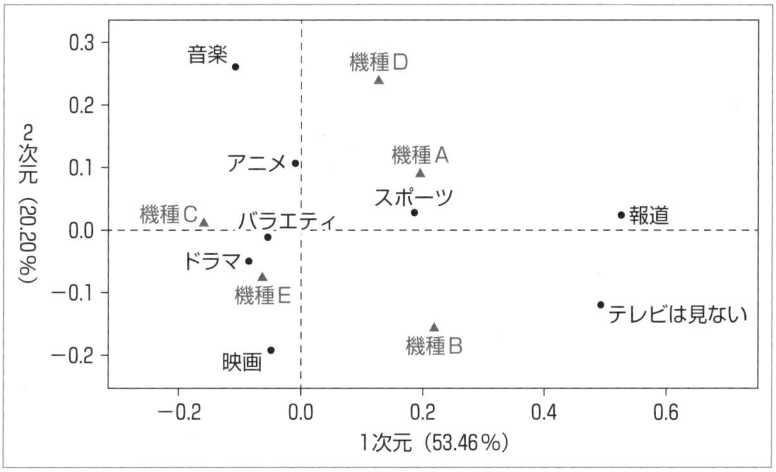

図2-1　コレスポンデンス分析によるポジショニングマップ

単純に見た目で言えば，機種Cと機種Eとが近く，次いで機種AとDが近いように見えます。機種Bはそのいずれとも離れている，独自のポジションであるように見えます。しかし，5つの機種間のカイ2乗距離を示した表2-1を見てみると，必ずしもそうとは言えません。機種Cと機種Eは，確かにカイ2乗距離が最も小さく，好みという観点で似ていると言えます。しかし，一見近く見える機種Aと機種Dは，決して近いとは言えません。むしろ，他のいずれとも離れているように見えた機種Bは，実は機種Aととても近いということがわかります。

カイ2乗距離で言えば，機種CとEとの間の距離の次に近いのが機種AとBです。1.2節でも

表2-1　5つの機種間のカイ2乗距離

	機種A	機種B	機種C	機種D	機種E
機種A	0.000	0.303	0.381	0.371	0.379
機種B	0.303	0.000	0.418	0.454	0.377
機種C	0.381	0.418	0.000	0.443	0.262
機種D	0.371	0.454	0.443	0.000	0.427
機種E	0.379	0.377	0.262	0.427	0.000

述べたように，5つの対象の距離を正しく示すためには5−1＝4次元の空間が必要であり，図2-1はあくまでも4次元空間を適当に回転させて，2次元に情報を縮約したものにすぎないということです。そのため，表2-1の距離関係を正しく維持したうえで，似たもの同士をグループ分けしていく必要があります。

2.1 階層的クラスター分析

似たもの同士をまとめる際に，クラスター分析ではいくつかの方法が取られます。以下のような手順でグループ分けする方法を階層的クラスター分析と呼びます。

❶ 最も近い対象同士（機種CとEなど）を，1つのクラスターにまとめる。
❷ ❶ で作成したクラスターも1つの対象として，次に近い対象同士を1つのクラスターにまとめる。
❸ 全体が1つのクラスターになるまで ❷ を繰り返す。

この，より近いものから順にまとめられていった過程は，図2-2のようなデンドログラム（樹形図）で表すことができます。

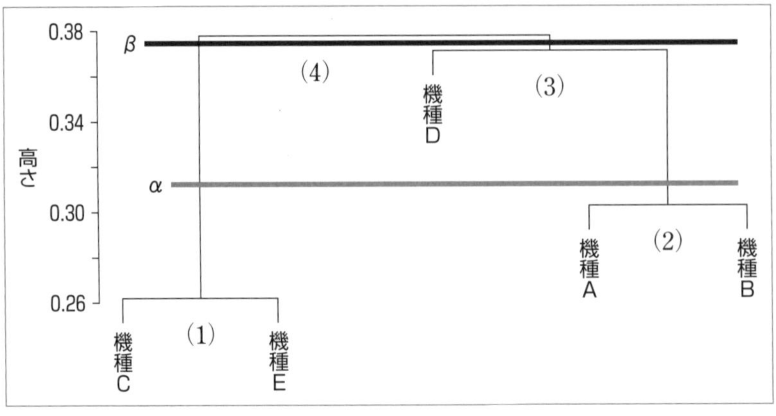

図2-2　デンドログラムの例

このデンドログラムにおいて，対象同士やクラスター同士が合流している部分は，対象やクラスター同士が1つのクラスターにまとめられていることを意味します。また，そのときのデンドログラムの高さは対象間やクラスター間の距離になります。従って，図の下の方で合流している対象ほど近いもの同士であり，早い段階で，つまり，(1) 最も近い対象として最初にまとめられたのが機種CとEで，続いて，(2) 機種AとBがまとまり，(3) 機種ABのクラスターと機種Dとがまとめられました。そして，(4) 最も遠い対象としてまとめられたのが，機種CEのクラスターと機種ABDのクラスターということです。

なお，デンドログラムを線α（青線）のところで切れば，「機種CとE」「機種D」「機種AとB」という3つのクラスターに分けることができます。このとき，機種Dは単独で1つのクラスターを作っていることになります。一方，線β（黒線）のところで切れば，クラスターは「機種CE」と「機種ABD」の2つになります。このデンドログラムをどこで切るかは，クラスター間の距離の大きさや解釈のしやすさなどから分析者が決めることになります。

2.2 最近隣法

機種CとEなど，個別の機種同士がどれくらい離れているのかという問題は，表2-1のカイ2乗距離をそのまま用いればいいので難しくありません。

一方，前節で説明した階層的クラスター分析の過程の❷で，「❶で作成したクラスターも1つの対象としたとき」とあるように，クラスター同士がどれくらい離れているかの算出方法を決めておかなくてはいけません。たとえば，図2-2 (2) が終わった時点では，機種AB，機種

質問コーナー

本章のクラスター分析は「階層的」クラスター分析ということですが，階層的ではないクラスター分析もあるのでしょうか？

一般的には，**非階層的クラスター分析**と呼ばれる手法があります。非階層クラスター分析は多様な分析手法の総称となっており，特に大規模なデータに対してよく用いられます。デンドログラムから各クラスターを構成する要素を確認し，デンドログラムをどこで切るか検討するという階層的クラスター分析が有効なのは，ある程度データの規模が限られる場合です。

よく知られる非階層クラスター分析の手法として，**k-means（k平均）**法があります。k-meansでは，まず各対象をランダムなクラスターに割り振り，そのクラスターの重心を求めます。そして，その重心から最も近いクラスターに属するように各対象を割り振り直し，また重心を計算します。その後，再び対象を割り振り直すというように作業を繰り返して，最適なクラスターを探していくという方法です。

非階層クラスター分析は，階層的クラスター分析のように，デンドログラムの形で得られる階層からクラスター数を検討するようなことは行いませんので，事前にクラスター数を設定したり，また，AIC（第5章で説明）などを使って適合の良さからクラスター数を決めたりします。

CE，機種Dと3つのクラスターに分かれていますが，機種ABと機種CEの距離，機種ABと機種Dの距離，機種CEと機種Dの距離はどうやって求めるのでしょうか。

この求め方にはいくつかの方法がありますが，本節では最も簡単な方法である**最近隣法**(*2)を用いて，表2-1のデータをクラスターにまとめる手順を説明します。

表2-1から，5つの機種間で最も近いのは機種CとEで，そのカイ2乗距離は0.262です。そこで，まずこの2つを，1つのクラスターとします（図2-3）。図2-2のデンドログラムの（1）の部分です。この2つの機種が合流する部分の高さが，0.262となっています。

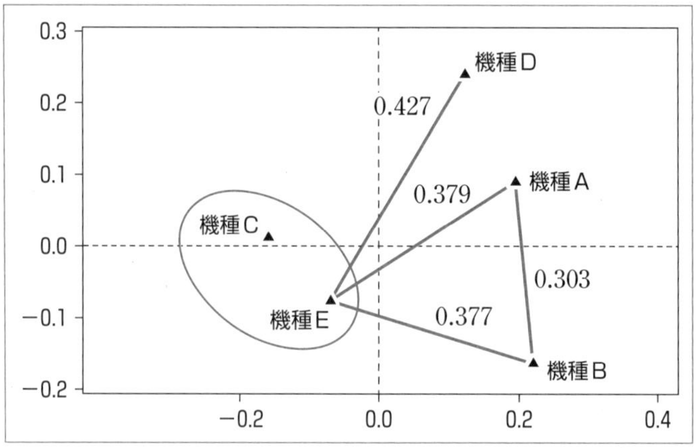

図2-3　2つ目のクラスターの形成（最近隣法）

次に，残りの3つの機種間の距離に加え，機種CEのクラスターと機種A，B，Dそれぞれとの間の距離を求めます。この算出にあたって，たとえば「機種A」と，「機種C，EのうちAと近いほう」との距離を求めるのが最近隣法です。機種AとCの距離は0.381，AとEは0.379ですから，「機種A」と「機種C，E」との距離は，より近いほうである0.379と定義します。同じようにして，「機種B」と「機種C，E」の距離は，0.418より0.377のほうが近いため0.377，「機種D」と「機種C，E」も同様に0.427と求めます。これらの距離よりも，機種AとBの距離である0.303のほうが近いので，機種AとBとで2つ目のクラスターを形成します（図2-2の（2），および図2-3）。

続いて「機種AB」「機種CE」「機種D」の3クラスター間の距離を測定します。「AB」と「CE」との距離は最近隣法により，AとC，AとE，BとC，BとEの4つの距離のうち最小のものですから，BとEの距離である0.377です。「AB」と「D」の距離は，AD間のほうが近いので0.371，「CE」と「D」との距離は，先ほども求めたとおりで0.427となります。このうち最も近いのは，「AB」と「D」との距離である0.371なので，「機種ABD」を1つのクラスターにまとめます（図2-2の（3）および図2-4）。

＊2　最短距離法，単連結法と言うこともあります。

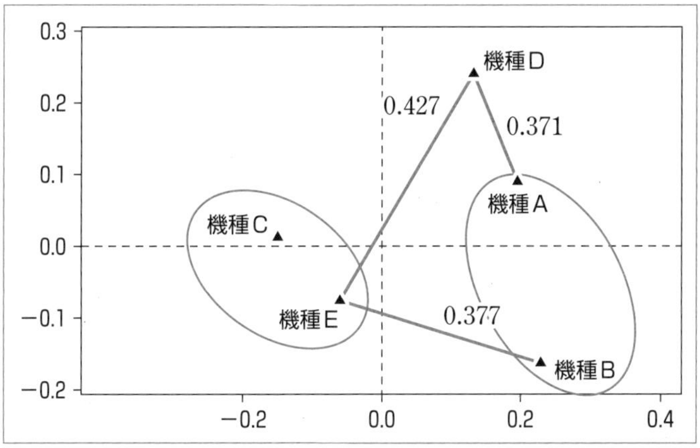

図2-4　3つ目のクラスターの形成（最近隣法）

最後に，「機種ABD」と「機種CE」のクラスター間距離は，3×2＝6通りの組み合わせのなかで一番値の小さい機種BとEの距離0.377となり，これですべての対象が1つのクラスターにまとめられます（図2-2の（4））。

さて，2つのクラスターにまとめると考える場合，図2-2のデンドログラムを線αの高さで切ればよいので，「機種ABD」が1つのクラスター，「機種CE」がもう1つのクラスターです。CとEに共通しているのは録画機能の充実という側面であり，録画しての視聴の有無で分類できます。録画して視聴する映画やバラエティ，ドラマと，録画してまでは見ない報道，スポーツという分類が可能でしょう。

3つのクラスターに分ける場合は，「機種ABD」というクラスターが「機種AB」と「機種D」に分かれます。この2クラスターの違いもまた，録画機能の充実度から説明できます。外付けHDDを接続することで録画できる機種A，Bと，録画機能のついていない機種Dです。

このように，好きな番組ジャンルとの関係から，購入したいTVの機種について調べた場合には，録画機能の有無によって好みが分かれることが確認できました。デンドログラムをどの高さで切って，クラスター数をいくつかにするかは，分析者の経験によるところが大きいです。

2.3 さまざまなクラスター間距離の測定法

2.3.1 最近隣法・最遠隣法・群平均法・重心法

たとえば機種「AB」と「CE」との距離を測定したいとき，前節で紹介した**最近隣法**では，AC，AE，BC，BEのすべての組み合わせから最も近いBE間の距離0.377を，クラスター間の距離としました。逆に，最も遠いB，Cの距離である0.418をクラスター間の距離とする方法は，**最遠隣法**(*3)と呼びます。

ACの距離0.381，AEの距離0.379，BCの距離0.418，BEの距離0.377の平均値0.389をクラスター間の距離とする方法もあり，これを**群平均法**と言います。

ABの真ん中の点（重心）と，CEの真ん中の点（重心）との距離をクラスター間の距離とする方法は，**重心法**と呼ばれます。

このように，クラスター間の距離を測定する方法はさまざまです。

図2-1のポジショニングマップのうち，今度は番組ジャンルについて最近隣法でデンドログラムを描いてみたところ，図2-5のようになりました。

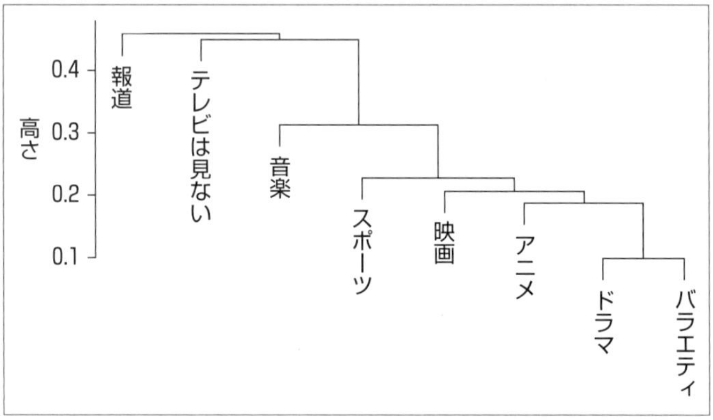

図2-5　最近隣法による番組ジャンルについてのデンドログラム

最近隣法は，ある対象と，別のクラスターのなかで最も近い対象との距離を用いるという方法の特性上，あるクラスターができると，そのクラスターに別の対象が1つつながって，次のクラスターができるというような形で，階段状にクラスターが連結される形になりやすいという特徴があります。逆に最遠隣法では，一度つながったクラスターには，新たな接続が生まれにくいという特徴があります。

このように，クラスター間の距離の測定法には，それぞれ注意が必要な点があります。

2.3.2 ウォード法

こういった問題のあるクラスター接続が起こりにくい距離の測定法に，**ウォード（Ward）法**があります。この方法は**最小分散法**とも呼ばれています。その名前が示すとおり，クラスター同士を併合する際に，併合したことによって増大するクラスター内での各対象の散らばりの大きさが，最小となるようなクラスターを選んで併合するという方法です。

たとえば，あるクラスターC1とC2を併合してC3を作るときには，以下の式よって，分散がどれだけ増えたか求めます。

C3における分散の増分 ＝ C3の分散 −（C1の分散 ＋ C2の分散）

このようにして，増分が最小の組み合わせを探すということです。ウォード法を用いて同じようにデンドログラムを描くと図2-6のとおりとなり，こちらのほうが，明らかに解釈は容易

＊3　最長距離法や完全連結法と言うこともあります

です。

現在，多くの分析ソフトウェアでは，クラスター間の距離を算出するうえでのデフォルト（初期設定）として，ウォード法が最もよく選ばれています。分析の際はまずこちらを使うとよいでしょう。

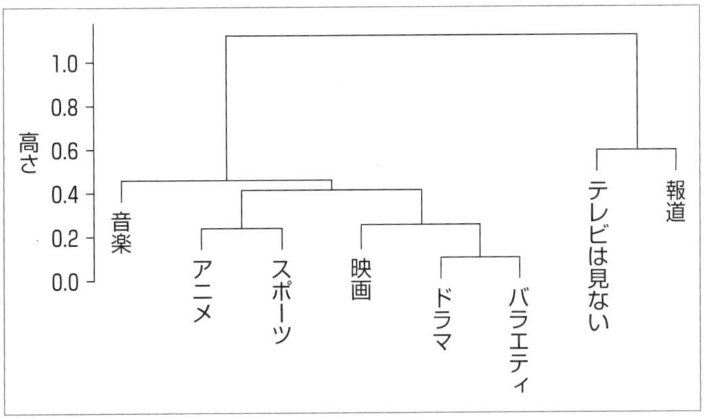

図2-6　ウォード法による番組ジャンルについてのデンドログラム

2.4 セグメンテーション（市場細分化）のために用いるデータ

ここまでは，クラスター分析によるポジショニングについて説明しましたが，クラスター分析は，対象間の距離が定義できれば実行可能です。

そして，データを列クラスタリングするのか，行クラスタリングするのか，という2つの大きな並行性があります。**列クラスタリング**は，似た変数同士をクラスタリングすることになり，**行クラスタリング**は，似た回答者などのオブザベーション同士をクラスタリングすることです。

これは，前章で述べたSTPで言えば，Segmentation（市場細分化）やTargeting（標的の設定）においても，クラスター分析が適用できるということを意味します。

表2-2はテレビに関する意識について質問した7項目について，見やすさのために20人分を抽出した回答データです。質問Ⅰ～Ⅶはそれぞれ以下のとおりです。なお，Ⅰ～Ⅵまでは，「まったく当てはまらない（1）」～「とても当てはまる（5）」までの5段階評価です。

表2-2　テレビに関する意識アンケート（20人分の回答）

ID＼質問	Ⅰ	Ⅱ	Ⅲ	Ⅳ	Ⅴ	Ⅵ	Ⅶ
①	5	3	4	5	3	3	3
②	2	2	1	4	1	5	60
③	4	4	2	4	4	3	30
④	3	3	3	3	3	3	60
⑤	3	2	2	3	2	1	15
⑥	2	4	1	1	2	2	60
⑦	4	2	2	3	3	3	2
⑧	3	4	3	3	3	3	30
⑨	4	3	4	5	4	3	2
⑩	2	2	1	1	3	5	60
⑪	4	2	5	5	2	5	180
⑫	5	5	5	5	5	5	240
⑬	1	1	1	1	1	5	60
⑭	5	4	5	5	5	5	120
⑮	5	5	5	5	5	5	60
⑯	5	2	4	4	3	2	180
⑰	5	3	1	1	3	5	30
⑱	3	1	3	5	3	5	10
⑲	4	4	4	3	4	4	3
⑳	4	4	5	3	3	4	180

Ⅰ　テレビ番組を見るのが好きである。

Ⅱ　テレビ番組の情報は信用できる。

Ⅲ　帰宅したらまずテレビをつける。

Ⅳ　朝起きたらまずテレビをつける。

Ⅴ　特に見たい番組があってテレビをつけることが多い。

Ⅵ　テレビを購入する際にはあらかじめネットで情報収集すると思う。

Ⅶ　一日の平均的なテレビ視聴時間をお答えください（単位：分）。

このデータに対して，列クラスタリングは質問Ⅰ～Ⅶを似た質問同士でまとめることですが，行クラスタリングは回答の似ている人同士をまとめることです。行クラスタリングをすることにより，購買に関する考え方を大別すると何クラスターになるかを考えることができ，クラスターごとに対策を考えることができます。

2.5 標準化ユークリッド距離

これまで用いたデータでは，対象間の距離をカイ2乗距離で定義していましたが，今回のデータで，たとえばID1（①）と2（②）の距離を求めるという場合には，カイ2乗距離は使用できません。そこで，より一般的なユークリッド距離で考えます。このとき，その距離は，第1章1.1.1で説明した［1-①］式より，以下のとおりになります。

$$d_{12} = \sqrt{(2-5)^2 + (2-3)^2 + \cdots (60-3)^2} = 57.245$$

このようにして，(20×19)/2＝90通りのオブザベーション間の距離を求め，ウォード法でクラスター分析を行ったデンドログラムは，図2-7のようになります。

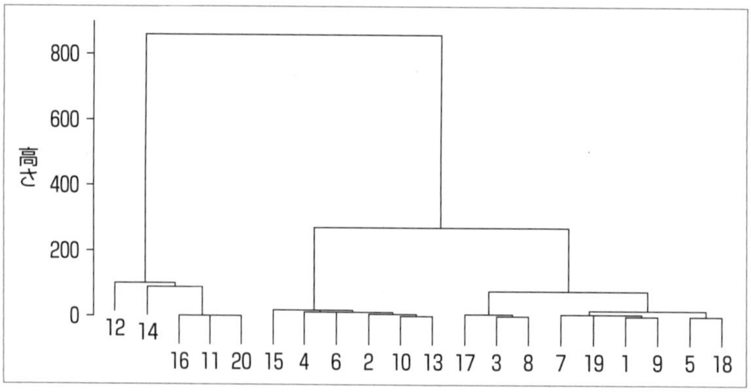

図2-7　TVに関する意識調査のデンドログラム

一見すると，きれいに2～4つのクラスターに分かれているように見えます。しかし，中身をよく見ると問題があります。たとえば，一番左のクラスターには⑪，⑫，⑭，⑯，⑳の5人が入っています。実はこの5人は，全員1日のTVの視聴時間が120分，つまり2時間以上と回答しており，2時間以上と回答した人全員がこのクラスターに入っています。このクラスターは，テレビの視聴時間のみで分かれてしまっているということです。

同じことは他のクラスターに対しても言えます。たとえば，右から6人で形成されるクラスターは，全員テレビの視聴時間が15分以下であり，⑮～⑬の6人からなるクラスターは，全員テレビの視聴時間が60分です。つまりこの結果は，ほとんど視聴時間の違いによってクラスタリングされていると言うことができます。どうしてこういうことが起こってしまうのでしょうか。

この問題は，テレビの視聴時間の値の差（**散らばり**）が，他の変数の値の差に比べて大きいために起こります。

たとえば①と②の距離の式を見ると，テレビを見るのが好きかという質問に対して，①は5，②は2と回答していてその差は−3ですから，2乗すると9です。一方，テレビの視聴時間は，①は3であり②は60なので，その差は57，2乗すると3249となり，非常に大きな数字です。テレビを最も好きな人は5，好きではない人は1であり，その差は4です。そうすると，①の5と②の2との差3というのは，全体で見たときそれなりに大きな数字です。

一方，テレビを一番よく見る人は240分，まったく見ない人は2分なので，①の3分と②の60分との差というのは，全体で見るとそこまで大きな数字ではありません。しかし，実際にはテレビの視聴時間のほうが極端に大きな数字になってしまい，結果に与える影響もそのぶん大きくなります。

このことを確認するために，①と②について，質問ⅠとⅦのみを取り出して散布図に描い

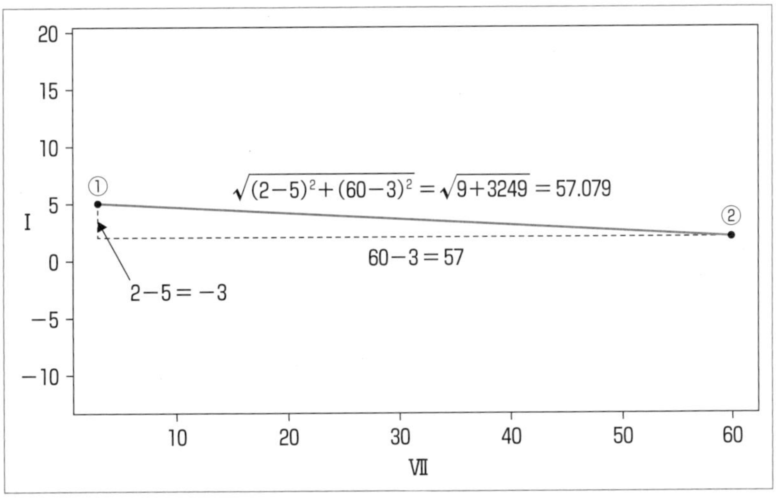

図2-8　①と②のみ取り出した散布図

た結果が図2-8です。縦軸がⅠ（テレビを好きか否か）で，横軸がⅦ（テレビの視聴時間）となっています。この2点間の距離は，ほぼすべて横軸の値，テレビの視聴時間によって決まります。全体で見ても，は57.245ですが，この値はやはり①と②のテレビの視聴時間の差とほぼ一致します。他の対象間の距離も同様です。

このように，ユークリッド距離の計算式を考えると，テレビが好きな人とそうではない人との差に比べて，テレビの視聴時間が長い人と短い人との差は，距離に非常に大きな影響を与えることがわかります。

これを図で表すと，図2-9左側のような状況です。縦軸がテレビが好きか否か，横軸がテレビの視聴時間と考えると，テレビの視聴時間は広い範囲に散らばっている一方で，好きか否かは狭い範囲に集中しています。そうすると，たとえばテレビが好きか否かで差が4あれば，それは散らばっている範囲の端から端までを占める大きな差になりますが，横軸で見ると，テレビの視聴時間が200分の人と196分の人の差4分などは，誤差にすぎません。

ユークリッド距離の考え方では，このようなそれぞれの変数の散らばりの大きさが考慮されず，どちらも値に4の差があるものとして計算されます。そのため，テレビの視聴時間のような散らばりの大きな変数の影響が過剰に大きくなってしまいます。

コレスポンデンス分析の結果を用いたクラスター分析では，カイ2乗距離を用いていたため問題ありませんでしたが，本節ではその方法は取れないため，別の方法で散らばりの大きさの影響を最小限にとどめる必要があります。つまり，図2-9左側のように値が散らばっている状況では問題があるので，各変数の影響，つまり値が1異なっているということの意味を，図2-9右側のように等しくそろえる必要があるということです。

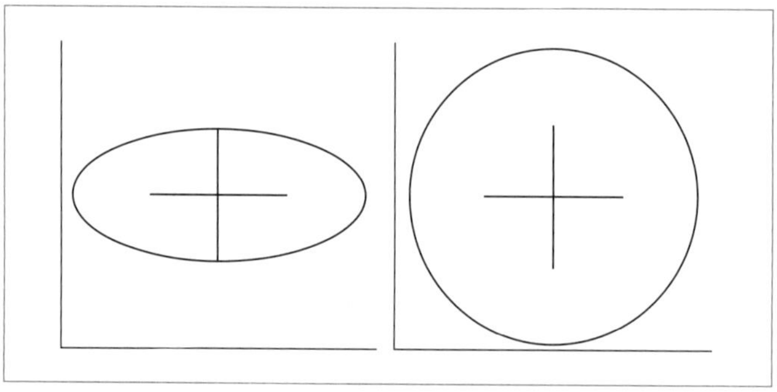

図2-9　標準化ユークリッド距離のイメージ

このような考え方で定義される距離が，**標準化ユークリッド距離（Standardized Euclidean Distance）**です。①と②の距離は，ユークリッド距離が以下のように定められます。

①と②のユークリッド距離

$$= \sqrt{(②の項目\mathrm{I} - ①の項目\mathrm{I})^2 + \cdots + (②の項目\mathrm{VII} - ①の項目\mathrm{VII})^2)}$$

$$= \sqrt{(2-5)^2 + \cdots + (60-3)^2}$$

これに対して，標準化ユークリッド距離では以下のとおりです。

①と②の標準化ユークリッド距離

$$= \sqrt{\frac{(②の項目\mathrm{I} - ①の項目\mathrm{I})^2}{項目\mathrm{I}の分散} + \cdots + \frac{(②の項目\mathrm{VII} - ①の項目\mathrm{VII})^2}{項目7の分散}}$$

$$= \sqrt{\frac{(2-5)^2}{1.502} + \cdots + \frac{(60-3)^2}{5154.724}} = \sqrt{5.989 + \cdots + 0.630} = 4.095$$

この式は，それぞれの値を標準化したうえで，そのユークリッド距離を求めていることと一致します。標準化した値から求めたユークリッド距離であるため，それぞれの項目の分散は1に調整されています。よって，値の散らばりが大きい項目，小さい項目の影響が取り除かれます。項目 Ⅶ（テレビの視聴時間）の分散が大きいため，式中の分母が大きくなり，割った結果が小さくなることを確認してください。

2.6 マハラノビス距離

図2-9の標準化ユークリッド距離のイメージ図では，考慮されていない点があります。それは，変数間の相関です。実際のデータでは，多かれ少なかれ，変数間には相関が存在します。たとえば図2-10左側のような場合です。

図2-10では，2つの変数の間に正の相関はありますが，一方で分散は等しいです。そのため，ユークリッド距離でも標準化ユークリッド距離でも，結果は変わりません。では，変数間に相

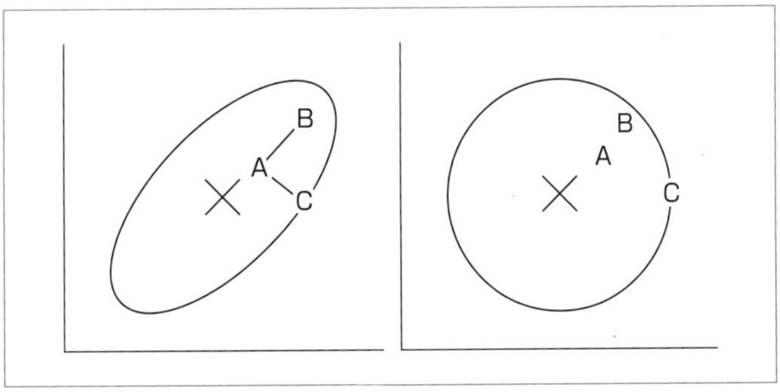

図2-10　マハラノビス距離のイメージ

関がある場合には，どのような点を考慮する必要があるでしょうか。この点を，別の例で考えてみます。

図2−10左側の横軸を英語の偏差値，縦軸を国語の偏差値とします。偏差値ですので，英語も国語も標準偏差は等しく10に調整されています。ここで，3人の受験者の偏差値は，それぞれ以下のとおりとします。

(A) 英語60，国語60
(B) 英語70，国語70
(C) 英語70，国語50

受験生AとBのユークリッド距離は，以下のとおりです。

$$\text{AとBの距離} = \sqrt{(70-60)^2+(70-60)^2} = \sqrt{200}$$

すると，AとCのユークリッド距離は以下のとおりとなり，どちらも同じ値です。

$$\text{AとCの距離} = \sqrt{(70-60)^2+(50-60)^2} = \sqrt{200}$$

では，AとBの距離もAとCの距離も等しい，つまり，AとB，AとCは，同程度に似た傾向であると考えてよいでしょうか。

ここで考えなければならないのは，集団の中での位置です。一般的に英語が得意な人は国語も同じように得意であり，正の相関があります。そうすると，英語の偏差値が高いほど国語の偏差値も高いことになり，その点で受験者AとBの傾向は同じです。ただ，Bのほうが全体的な成績が良いというだけの差です。それに対して受験者Cは，英語はかなり得意である一方で国語は平均的な点数であり，これは全体の傾向のなかでは少し外れた値になります。

しかし，ユークリッド距離をそのまま求めた場合には，AとBの距離もAとCの距離も一緒です。これは少し違和感のある結果です。このことを表しているのが，図2−10左側の位置関係です。AとBの距離もAとCの距離も図の中では一緒ですが，Bは分布の円の中に納まっている珍しくはない値なのに対して，Cは散らばりを表す楕円の円周近くにある外れた値です。Aを基準としたとき，Bの方向の距離よりもCの方向のほうが集団内の位置としては離れている，つまり距離は遠いと考えるのが自然です。

この考え方は，標準化ユークリッド距離において，図2−9左側を右側へと分散の大きさを調整したことと同じように，図2−10左側を右側へと相関係数が0になるように調整するべきだ，ということを意味します。このように調整すると，集団内の位置として近いAとBの距離は，AとCの距離より近くなる，という直感に合った結果になります。このような処理が行われたユークリッド距離のことを，マハラノビス距離（マハラノビス汎距離，Mahalanobis' Distance）と呼びます。

マハラノビス距離はやや複雑となるため，定義式などは省略しますが，分散や相関をまとめて考慮して調整するときに使うことのできる距離であるため，ユークリッド距離では不都合が生じる多くの場面で用いられます。今回のデータは，テレビをどの程度頻繁に見るかという趣旨の質問が複数含まれており，変数間の相関は高いものになりますので，マハラノビス距離を用いるのがより自然です。20人の回答からマハラノビス距離を求めた結果は，表2-3のとおりです。

表2-3　オブザベーション間のマハラノビス距離（①～⑤のみ抜粋）

	①	②	③	④	⑤
①	0.000	3.994	3.560	3.070	2.967
②	3.994	0.000	3.644	4.109	4.398
③	3.560	3.644	0.000	2.833	3.124
④	3.070	4.109	2.833	0.000	1.996
⑤	2.967	4.398	3.124	1.996	0.000

このマハラノビス距離や標準化ユークリッド距離は，すべての変数の散らばりを同じに調整する方法です。すべての変数を同等に重要なものとして扱いたい場合に有効な方法ですが，一方で，変数ごとの散らばりの差という情報に意味があり，すべての変数が同等に重要なわけで

質問コーナー

ユークリッド距離やカイ2乗距離，マハラノビス距離などさまざまな距離が出てきましたが，他にどのような距離の考え方があるのでしょうか？

よく知られているものとして，マンハッタン距離やチェビシェフ距離があります。たとえば，以下のような空間におけるAとBの距離を考えます。

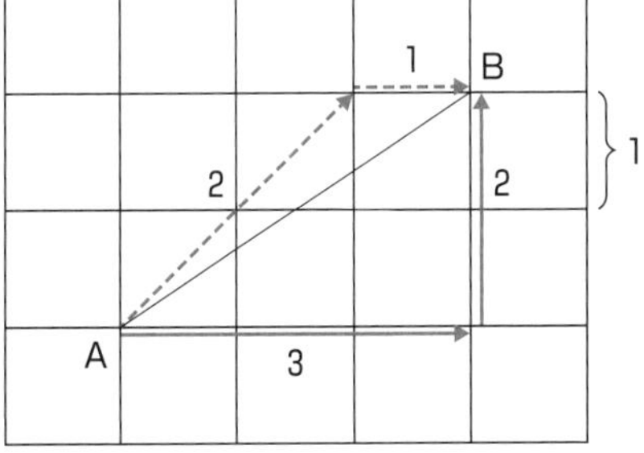

このとき，AとBのユークリッド距離は$\sqrt{3^2+2^2}=\sqrt{13}$でした。それに対してマンハッタン距離は，AからBにたどり着くために必要な辺の数で考えます。ここでは横に3，縦に2移動する必要があるため，マンハッタン距離は5となります（図の実線矢印）。

チェビシェフ距離では，マンハッタン距離に加えて，対角線上の移動も距離1とカウントします。そうすると，斜めに2回，横に1回の移動でAからBにたどり着くことができますので，チェビシェフ距離は3となります（図の破線矢印）。

また，ユークリッド距離，マンハッタン距離，チェビシェフ距離を1つの式で表したミンコフスキー距離もあります。他にも，それぞれの応用分野に対して，それぞれ目的に合致した距離概念は考案されています。

はないというような場合には，通常のユークリッド距離のほうが良い場面もあります。手元にあるデータの意味や変数の重要性などを考えたうえで，どの距離を使うのか検討するのが重要です。

2.7 オブザベーションのクラスター分析

表2-3のようなオブザベーション間の距離が求められれば，あとはこれまでに述べた方法でクラスタリングを行うことができます。ウォード法で分析した結果のデンドログラムは，図2-10のとおりとなりました。今回は，テレビの視聴時間のみで分類されていないことを確認してください。

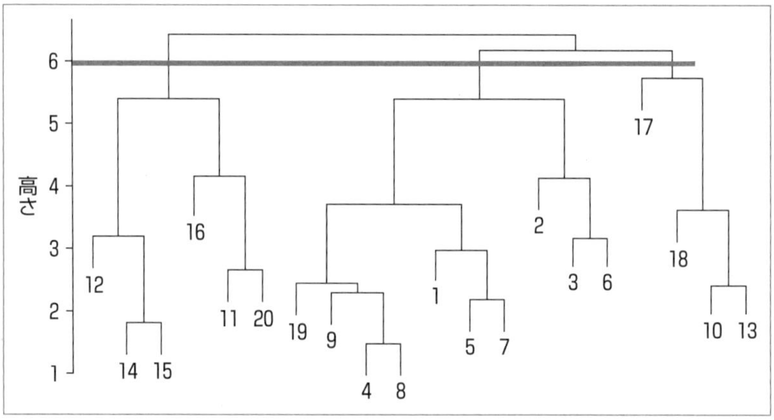

図2-11　マハラノビス距離を用いたデンドログラム

距離（縦軸）の6のところ（青線）でデンドログラムを切ってみて，解釈してみましょう。すると，3つのクラスターがあることになります。一番左の6人（12～20）のクラスターは，テレビの視聴時間が長く，テレビ番組を見るのが好きで，とりあえずテレビをつけると回答している，テレビのヘビーユーザー層と呼ぶことができます。

次の10人（19～6）からなるクラスターは，人数も多いこともあって，比較的平均的な回答が多く，わかりやすい傾向があるとは言い難いグループです。標準的なユーザー層と見ていいかもしれません。最後の4人，（17～13）のクラスターは，視聴時間は平均的～短めで，テレビに対する積極性がやや低く，Ⅵ（テレビを購入する場合にネットで情報収集する）かという質問に，全員が5と答えています。これらの回答から，ネットの情報を重視し，テレビにはさほど積極的ではない層と理解できそうです。

このように，クラスター分析をオブザベーションに対して用いることで，顧客，ユーザーなどを分類することができます。それによって，ターゲットとなる顧客層に意識してアプローチする，などの対応が可能となります。これがクラスター分析のもう一つの使い道と言えます。

標本サイズが大きいと，デンドログラムが巨大になってしまうので，紙面の都合上，今回は20人の分析結果を示しました。実際には大人数で分析してかまいません。ただし，デンドログラムで図示できる最大は，どうしても数百人くらいです。標本サイズが大きいデータを分析するときは，デンドログラムでの図示は考えず，何クラスターに分かれるかを主眼に分析して，各クラスターに含まれるオブザベーションの特徴から，クラスターの特徴を抽出することに専念するとよいでしょう。

Quiz

理解できたか
チェック
してみよう！

問1：札幌，福岡，沖縄，ソウル，那覇の5カ所の観光地に対して，以下の例のように，あなたから見たイメージの近さを表にまとめてください。なお，距離として使いますので，まったく同じ場合を0とし，まったく似ていない場合を5とした，6段階の評価とします。

	札幌	福岡	沖縄	ソウル	ハワイ
札幌	0	3	5	2	5
福岡	3	0	4	4	4
沖縄	5	4	0	4	1
ソウル	2	4	4	0	4
ハワイ	5	4	1	4	0

問2：問1で作成した観光地のイメージについて，最近隣法でクラスター分析を行い，デンドログラムを作成してください。

問3：ソフトウェアを使って，問1で作成した観光地のイメージについて，ウォード法でクラスター分析を行い，デンドログラムを作成してください。

問4：ソフトウェアを使って，表2-1の距離情報を用いて，ウォード法でクラスター分析を行い，デンドログラムを作成してください。

問5：ソフトウェアを使って，伴走サイト掲載のテレビに関する意識アンケートのデータから，回答者同士のマハラノビス距離を求めてください。そして，その距離を用いてウォード法でクラスター分析を行い，デンドログラムを作成し，いくつかのクラスターに分けてください。そのうえで，それぞれのクラスターの特徴について検討してください。なお，伴走サイトに掲載しているデータは，教科書に掲載しているデータとは異なる回答者のものです。

第3章 魅力的な商品の提案法 ── コンジョイント分析

本章では，消費者に受け入れられる商品の提案について考えます。

そもそも，テレビの商品案を提示して市場調査を行ったとき，消費者に最も人気の出るのはどのような商品でしょうか。結果は調査するまでもなく，大画面で3D表示ができ，価格は安く，録画機能がついている，一流ブランドの商品，ということになるでしょう。画面サイズにしても価格にしても価値のある要因なので，普通に調査をすると，すべての良い要因を持つ商品が最も好まれるという結果が出てしまいます。

しかし，商品を提案する側が知りたいのは，たとえば「32インチの画面」と「3D表示の有無」では，どちらのほうに価値があるのかということなのです。それでは，その点を質問，調査すればいいのかというと，そう簡単でもありません。この比較は，人間の判断力では難しいのです。

こういったときにはコンジョイント分析を用います。コンジョイント分析では，個々の製品案を利用して，画面サイズなどの要因の重要性を評価することができます。

3.1 魅力的な商品とは

コンジョイント分析の説明にあたり，まず用語を整理します。

要因 ── 商品の魅力を決める事柄。テレビであれば，画面サイズや価格，3D表示機能などです（表3-1）。

水準 ── 個々の要因が取り得る値。画面サイズという要因の水準には32インチ，40インチなどがあります。

表3-1　コンジョイント分析における要因と水準の例

要因	画面サイズ	3D対応	録画機能	メーカー	価格
水準	19インチ	あり	内蔵HDD	甲社	25,000
	32インチ	なし	外付けHDD	ノーブランド	50,000
	40インチ		Blu-ray＋HDD	乙社	100,000
	55インチ		なし	丙社	200,000

全体効用──水準の組み合わせで作った商品案の魅力。
部分効用──個々の水準の魅力。

表3-1のように要因と水準が存在するとき，提案する商品は，各要因から水準を1つずつ選んで組み合わせます。たとえば，商品Aとして，画面サイズは「32インチ」，3D機能は「なし」，「外付けHDD」に録画可能，メーカーは「ノーブランド」，価格は「50,000円」のようにします。ここで，商品を提案する側にとって重要なのは，以下の3点です。

(1) どの組み合わせで商品を提案するのが最も望ましいか，また，特定の組み合わせ同士の魅力の違いはどの程度あるか知りたい。
(2) 要因のなかで，特に重要なものは何か知りたい。
(3) たとえば「32インチの画面」と「3D表示の有無」では，どちらのほうが価値があるのか，一般的に言うならば，異なる要因の水準間で部分効用の比較がしたい。

こういった問題を解決するために，コンジョイント分析では，**商品の魅力（全体効用）**は，その商品を構成する**水準の魅力（部分効用）**の合計で決まると考えます。具体的には図3-1の式のようになります。

ところが，「32インチの画面」と「3D表示の有無」の魅力（部分効用）がどちらが高いのか，比較することは困難です。そこで，商品案全体の魅力（全体効用）を調査して，その結果から部分効用を算出します。このようにすると，たとえば商品Aという具体的な商品例を示し，それがどの程度欲しいかを評価してもらえばよいのですから，部分効用を直接評価してもらうより，回答者にとってイメージがしやすくなります。

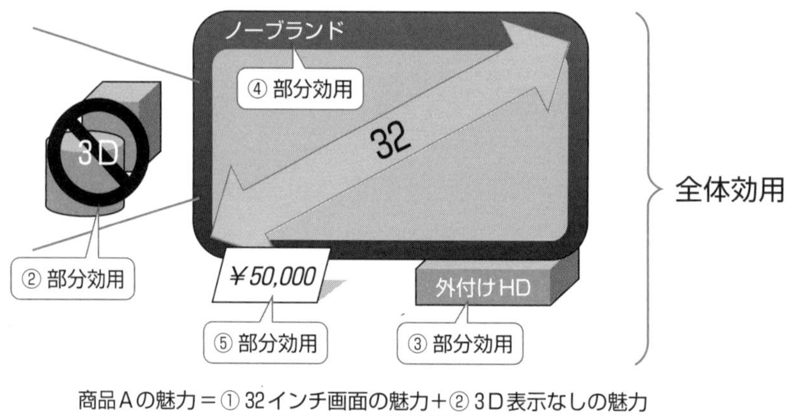

商品Aの魅力＝① 32インチ画面の魅力＋② 3D表示なしの魅力
＋③ 外付けHDD録画機能の魅力＋④ ノーブランドの魅力
＋⑤ 50,000円という価格の魅力

図3-1　商品Aの魅力（全体効用と部分効用）

3.2 商品案セットの作成

コンジョイント分析では，前節の商品Aのように，各要因から水準を組み合わせて商品案を作成します。しかし，この商品案の作成には，どのように水準を組み合わせればいいかという問題点があります。表3-1のような要因と水準があるとき，考えられるすべての水準を組み合わせると，512（＝4×2×4×4×4）通りあります。この組み合わせすべてを評価するのは現実的ではありません。そこで，512通りのなかから一部を取り出して評価してもらいます。たとえば，表3-2のように，16通りの商品案セットを取り出して，回答者に評価してもらいます。

表3-2　直交表を用いて作成した商品案セット

商品番号	画面サイズ	3D対応	録画機能	メーカー	価格
1	19インチ	あり	外付けHDD	甲社	¥200,000
2	55インチ	なし	外付けHDD	乙社	¥100,000
3	32インチ	あり	内蔵HDD	丙社	¥100,000
4	40インチ	なし	外付けHDD	丙社	¥25,000
5	19インチ	なし	なし	ノーブランド	¥100,000
6	19インチ	あり	内蔵HDD	乙社	¥25,000
7	32インチ	なし	Blu-ray＋HDD	乙社	¥200,000
8	19インチ	なし	Blu-ray＋HDD	丙社	¥50,000
9	55インチ	なし	内蔵HDD	甲社	¥50,000
10	55インチ	あり	なし	丙社	¥200,000
11	32インチ	なし	なし	甲社	¥25,000
12	40インチ	あり	Blu-ray＋HDD	甲社	¥100,000
13	55インチ	あり	Blu-ray＋HDD	ノーブランド	¥25,000
14	32インチ	あり	外付けHDD	ノーブランド	¥50,000
15	40インチ	なし	内蔵HDD	ノーブランド	¥200,000
16	40インチ	あり	なし	乙社	¥50,000

その際，以下の2つの条件を満たす必要があります。

条件1——すべての水準がバランスよく出現している。
条件2——特定の水準の組み合わせが偏って多く出たり，逆に少なく出たりしない。

1つ目を満たしていないと，出現頻度の低い水準で，部分効用の推定精度が低くなってしまいます。2つ目を満たしていないと，たとえば「55インチ」の場合には，それくらい大きなテレビであれば3Dで見たいと考える人が多く，「3D表示機能あり」に対する評価が通常より上がります。このように，組み合わせによって評価が変わる（交互作用が発生する）場合，やはり部分効用を正しく評価できなくなってしまいます。なお，2つ目を満たしている状態を，要因同士が直交していると言います。

このように，適切な水準の組み合わせを作成するためには，実験計画法における**直交表**の技術を利用できます。実は表3-2は，直交表を利用して作成した商品案です。直交表については次節で説明します。

多くの場合，商品セットの作成は**R**や**SPSS**などのソフトウェアに任せることができますが，直交表の理論を理解し意識しておくことで，より少ない項目で効率よく測定することができます。

この16通りの商品案を見ると，条件1，条件2の2つを満たしていることが確認できます。1つ目の条件については，たとえば画面サイズに注目すると，「19インチ」「32インチ」「40インチ」「55インチ」が16商品中，各4商品あることがわかり，バランス良く出現しています。2つ目の条件については，たとえば画面サイズと録画機能のように，2つの要因を同時に注目します。このとき，「19インチ」の場合，「内蔵HDD」「外付けHDD」「Blu-ray＋HDD」「なし」がそれぞれ1商品ずつあることがわかります。他の画面サイズについても同様です。ここから，要因同士が直交していることが確認できます。

また，直交表で自動的に作られなかった特定の組み合わせ，たとえば商品Aを調査者側で作成し，商品案セットに加えることもあります。これにはいくつかのメリットがあります。

1つ目は，表3-2の商品案を用いて推定した部分効用や全体効用が，それ以外の商品案にも当てはまるのか確認できるという点です。部分効用の推定にはあくまでも表3-2の16商品案を用い，そこで推定された部分効用から商品Aの全体効用を計算します。その結果と，調査で明らかとなった商品Aの全体効用が一致していれば，部分効用の推定値は，表2以外の商品案についても用いることのできる信頼できるものと言えます。

2つ目は，特に知りたい商品案について直接検討ができる点です。提案する商品案があまりはっきりしていないのであれば考える必要はありませんが，イメージがある程度固まっているのであれば，それを直接聞くことで，その商品案がどの程度支持されるのか検討するのは有意義です。

3.3 直交表

実験計画法に基づいてデータを収集する際，とても多くの要因が必要となる場面は珍しくありません。その代表的な場面の1つが工業製品の生産です。たとえば，自動車のタイヤの寿命を決める要因について考えると，原材料の材質，プレスの際の温度，タイヤの形式など，さまざまな要因を検討する必要があります。これらすべての組み合わせを考慮して実験を行うと，商品案の組み合わせ同様の問題が起こります。わが国ではこういった問題を解決する方法として，直交表を導入しました。この手法は，戦後日本の産業の復興を支えたとも言われています。

直交表の最も単純なものが表3-3です。

表中で，列頭に並んでいるのが**要因**で，ここでは3つの要因A，B，Cがあり，3要因とも2水準とします。行頭に並んでいるのが組み合わせ（商品案）です。たとえば2行目を見ると，（A1，B2，C2）となっています。このとき，2番目の実験条件は，要因Aの1番目の水準，要因B，Cのそれぞれ2番目の水準の組み合わせとなります。このようにすることで，通常であれば，$2^3=8$通りの組み合わせで実験する必要があるところですが，この直交表を用いることで，4通りの組み合わせのみ考慮すればよくなります。

表3-3　直交表$L_4(2^3)$

	A	B	C
1	A1	B1	C1
2	A1	B2	C2
3	A2	B1	C2
4	A2	B2	C1

なお，表3-3の直交表を「$L_4(2^3)$」と言います。Lは**ラテン方格**（**Latin squares**）を表し，「4」は，4つの組み合わせを作成する直交表であることを示しています。ラテン方格とは，数独というパズルの原型で，行や列に数字（ローマ字）がバランスよく配置されている行列のことです。カッコ内の「2」は各要因の水準が2つあること，「3」は3つの要因を考慮していることを表します。

要因を「画面サイズ」「3D対応」「録画機能」とし，それぞれ「19インチ」「32インチ」，「3Dあり」「3Dなし」，「内蔵HDD」「外付けHDD」の各2水準を考慮すると仮定すると，表3-3から，表3-4のように組み合わせを作ることができます。商品案2は「19インチ」「3Dなし」「外付けHDD」です。これは，前述のとおり，要因Aの1番目の水準，要因B，Cの2番目の水準となっています。

表3-4　直交表$L_4(2^3)$を用いた組み合わせの例

商品番号	画面サイズ	3D対応	録画機能
1	19インチ	あり	内蔵HDD
2	19インチ	なし	外付けHDD
3	32インチ	あり	外付けHDD
4	32インチ	なし	内蔵HDD

要因の数が4つ以上になった場合には，$L_8(2^7)$，$L_{16}(2^{15})$など，より大きな直交表を用いることで対応することができます。これらを，**2水準系の直交表**と呼びます。また，水準の数が3になった場合には，$L_9(3^4)$や$L_{27}(3^{13})$などの3水準系の直交表を用いることができます。同様に，5水準系の直交表もあります。

ここで表3-1を確認すると，要因は5つあり，そのうち4つの要因は4つの水準を，1つの要因は2つの水準を持っています。このように，実際にデータを取る場面では，要因や水準の数が直交表にちょうどよく収まるようになっているとは限りません。そこで，以下にこういった場合の対処法を説明します。

説明の都合上，ここでは画面サイズのみ4水準とし，その他の要因は2水準とします。このとき，便宜上，7つの要因があると考えて，表3-5のような直交表$L_8(2^7)$をまず作ります。

この表のダミーで設けた要因XとYに

表3-5　直交表$L_8(2^7)$

	X	Y	A	B	C	D	E
1	X1	Y1	A1	B1	C1	D1	E1
2	X1	Y1	A1	B2	C2	D2	E2
3	X1	Y2	A2	B1	C1	D2	E2
4	X1	Y2	A2	B2	C2	D1	E1
5	X2	Y1	A2	B1	C2	D1	E2
6	X2	Y1	A2	B2	C1	D2	E1
7	X2	Y2	A1	B1	C2	D2	E1
8	X2	Y2	A1	B2	C1	D1	E2

注目すると，上から順に（X1，Y1）（X1，Y1）（X1，Y2）（X1，Y2）（X2，Y1）（X2，Y1）（X2，Y2）（X2，Y2）となっています。このうち，（X1，Y1）を要因Aの1つ目の水準A1とみなし，（X1，Y2）をA2，（X2，Y1）をA3，（X2，Y2）をA4それぞれ置き，それを要因Aの列に置き換えます。すると，表3-5は表3-6のように変わります。

この直交表を利用して以下のように商品案セットはできあがります。

表3-6　変形した直交表

	A	B	C	D	E
1	A1	B1	C1	D1	E1
2	A1	B2	C2	D2	E2
3	A2	B1	C1	D2	E2
4	A2	B2	C2	D1	E1
5	A3	B1	C2	D1	E2
6	A3	B2	C1	D2	E1
7	A4	B1	C2	D2	E1
8	A4	B2	C1	D1	E2

表3-7　変形した直交表

	画面サイズ	3D対応	録画機能	メーカー	価　格
1	19インチ	あり	内蔵HDD	乙社	25,000
2	19インチ	なし	外付けHDD	ノーブランド	50,000
3	32インチ	あり	内蔵HDD	ノーブランド	50,000
4	32インチ	なし	外付けHDD	乙社	25,000
5	40インチ	あり	外付けHDD	乙社	50,000
6	40インチ	なし	内蔵HDD	ノーブランド	25,000
7	55インチ	あり	外付けHDD	ノーブランド	25,000
8	55インチ	なし	内蔵HDD	甲社	50,000

このように直交表を作成すると，要因数が多く，また，1つ1つの要因の水準数が多くても，各要因の水準を効率的に組み合わせて，最小限の組み合わせ数で実験を計画することができます。ただし，実際の場面では，要因によって水準数が異なることが一般的であり，標準的な直交表では対応できないことがほとんどです。したがって，実際の直交表の作成には，ソフトウェアを用います。

3.4 要因と水準を定めるときの注意点

ここで，実際に要因と水準を定める際の手順について，どのような点に注意するべきかを説明します。

3.4.1 要因の設定に関する注意点

まず，要因の設定です。ここでは以下の3点に注意します。

(1)　全体効用に影響を与えていること。

(2)　要因同士が独立し，複数の要因にまたがる水準が存在していないこと。

(3)　多くなりすぎないこと。

1点目は言うまでもないでしょう。

2点目は，たとえば「再生機能」という要因と「録画機能」という要因の2つを設定している場面を考えると，わかりやすくなります。この場合，録画機能として考えられる水準が表3-1の4つに対して，再生機能として考えられる水準は，「なし」「DVD」「Blu-ray」などが考えられます。ここで，たとえば再生機能「Blu-ray」，録画機能「なし」というテレビは現実的に想像できますが，その逆，再生機能「なし」，録画機能「Blu-ray」というのは現実的ではないでしょう。この問題は，要因「録画機能」と「再生機能」が独立ではなく，録画機能の水準「Blu-ray」は，Blu-rayの再生機能を搭載していることも同時に意味しているために発生します。

3点目については，直交表の技術を用いることで，確かに質問項目数を少なくすることはできますが，それでもある程度の回数の比較は必要となり，その回数は，要因数が増加するにつれて大きく増加することとなります。どの程度の数質問することができるかは，調査の内容，重要性などによって異なります。直交表を作成し，質問項目の数を確認しながら適宜調整していくのがよいでしょう。

これらの点を踏まえたうえで要因を設定します。たとえば表3-1では，Blu-rayに関する機能は，要因「録画機能」の水準となっていますが，設定の方法次第では水準にもすることができます。要因「Blu-rayに関する機能」のなかに，水準「使用不可」「再生のみ可」「録画のみ可」があるような場合です。

どちらの方法を採用するかは，調査者の興味に依存します。ある程度Blu-rayを前提として

質問コーナー

ソフトウェアを用いて要因と水準の組み合わせを作成したところ，組み合わせの総数が思いのほか多くなり，回答が難しそうです。組み合わせ総数を減らすことはできないでしょうか？

必要な組み合わせが増えるのは，基本的には要因や水準が多くなりすぎた場合ですので，まず要因，水準が必要なものになっているかを確認するべきです。そのうえで，2水準を基本とするなら，2水準系の直交表にうまく収まるように，つまり各要因の水準数が個になるように，水準の数を調整するという対応もあります。

表3-7のように，画面サイズだけ4水準，他は2水準にすると，8つの商品案を評価するだけですみます。ここで，画面サイズから19インチを除いて3水準に変えてみます。そうすると，水準が減っているのですから，必要な組み合わせは減りそうに感じますが，試してみると，組み合わせの2つの条件である（1）すべての水準がバランス良く出現している，（2）特定の水準の組み合わせが偏って多く出たり，逆に少なく出たりしない，の両方を満たす組み合わせを8つの商品案で作成するのは不可能です。このように，水準数を減らしたことで，逆に必要な組み合わせの総数が増えることもあり得ます。

水準を減らすことによってかえって組み合わせを作りづらくなった場合，必要な組み合わせ総数は減りません。それよりも，組み合わせを作成しやすい水準の個数に配慮することのほうが，組み合わせ総数を減らすことに効果的なケースも珍しくありません。

いて，Blu-rayに関するさまざまな条件を比較したいのであれば，要因として取り上げるのがよいでしょう。しかし，あくまでも録画に関する一機能として，内蔵HDD等と比較したいのであれば，水準の1つとしておくのがよいでしょう。

このように，同じ興味の対象であっても，要因にも水準にもなり得ることは珍しくありません。こういったとき，特に2つ目の注意点に気をつけてください。

3.4.2 水準の設定に関する注意点

続いて水準の設定に関する注意です。コンジョイント分析の便利なところは，回答者が想像しやすい具体的な状況（商品案）を提示し，その商品案の魅力（全体効用）についての評価から，個々の水準の重要性を検討できる点です。つまり，水準の設定にあたってはより具体的，かつ現実的な状況設定と，分析者が興味を持っている対象であること，その2つを両立する必要があります。整理すると，注意点は以下のようになります。

(1) 具体的であること。
(2) 極端すぎないこと。
(3) 実現可能であること。
(4) 多すぎないこと。

●具体的であること●　これについては，逆に抽象的な水準を考えてみます。画面サイズの水準を「大画面」「中画面」「小画面」と設定した場合，大画面の定義は回答者によって異なります。55インチを大画面ととらえる人からすれば，それが10万円で買えるとなれば十分に魅力的です。一方，40インチを大画面ととらえる人からすると，特別な機能がないのであれば，それが10万円というのは割高な商品と見なすでしょう。そうすると，大画面の定義によって割高感が変わることになります。

また，分析者としても，回答者が大画面をどう定義しているかわからないため，大画面の部分効用が高いとわかっても，具体的な商品提案を行うことができません。

●極端すぎないこと●　これもやはり例から考えてみます。要因「故障のしやすさ」に対して，水準「まったく故障しない」「購入時に必ず故障している」があるとします。このとき，「まったく故障しない」と「購入時に必ず故障している」の間には極端に大きな部分効用の差があり，いくら価格や機能に違いがあったとしても，故障している商品を購入するケースはほぼ考えられません。このように極端な水準は，まず現実的に考慮しません。

さらに，そういった水準が存在すると，全体の評定結果がその水準に大きく影響を受け，他の重要な要因，水準を正しく評価できなくなり，また，要因間の重要性の比較でも，極端な水準を持つ要因の重要性が，過剰に高く見積もられることになってしまいます。

●実現可能であること●　これは言うまでもないことですが，実現不可能な水準を準備しても，問題の検討，解決には役に立ちません。また，非現実的な水準の存在が2点目の問題を引き起こし，他の水準や要因を検討する際に悪影響を及ぼす恐れもあります。

●多すぎないこと●　これは要因の設定と同様の問題です。ここでも，多く設定しすぎると商品案数が大幅に増加してしまいます。

3.5 質問紙の作成

コンジョイント分析の場合，作成した商品案はさまざまな方法で評価することができます。商品案の順位をつける方法や，商品案同士を比較して善し悪しを調べる一対比較法などです。本章では，心理学の分野でなじみの深い**リッカート尺度**（本シリーズ第3巻『社会心理学のための統計学』第1章参照）による評価を用います。表3-2の16商品案のほかに，商品案⑰と⑱を追加し，リッカート尺度の質問紙を作成しました（表3-8）。また，回答例は表3-9のとおりです。

表3-8　作成した質問紙

	画面サイズ	3D対応	録画機能	メーカー	価格	評価
1	19インチ	あり	外付けHDD	甲社	¥200,000	1・2・3・4・5
2	55インチ	なし	外付けHDD	乙社	¥100,000	1・2・3・4・5
3	32インチ	あり	内蔵HDD	丙社	¥100,000	1・2・3・4・5
4	40インチ	なし	外付けHDD	丙社	¥25,000	1・2・3・4・5
5	19インチ	なし	なし	ノーブランド	¥100,000	1・2・3・4・5
6	19インチ	あり	内蔵HDD	乙社	¥25,000	1・2・3・4・5
7	32インチ	なし	Blu-ray+HDD	乙社	¥200,000	1・2・3・4・5
8	19インチ	なし	Blu-ray+HDD	丙社	¥50,000	1・2・3・4・5
9	55インチ	なし	内蔵HDD	甲社	¥50,000	1・2・3・4・5
10	55インチ	あり	なし	丙社	¥200,000	1・2・3・4・5
11	32インチ	なし	なし	甲社	¥25,000	1・2・3・4・5
12	40インチ	あり	Blu-ray+HDD	甲社	¥100,000	1・2・3・4・5
13	55インチ	あり	Blu-ray+HDD	ノーブランド	¥25,000	1・2・3・4・5
14	32インチ	あり	外付けHDD	ノーブランド	¥50,000	1・2・3・4・5
15	40インチ	なし	内蔵HDD	ノーブランド	¥200,000	1・2・3・4・5
16	40インチ	あり	なし	乙社	¥50,000	1・2・3・4・5
17	40インチ	あり	Blu-ray+HDD	乙社	¥200,000	1・2・3・4・5
18	32インチ	なし	なし	ノーブランド	¥25,000	1・2・3・4・5

表3-9　質問紙への2名分の回答例

商品案	1	2	3	4	5	6	7	8	9	10	11	12	13	14	15	16	17	18
回答者1	1	4	2	4	1	1	4	1	5	1	1	1	4	3	1	1	4	1
回答者2	1	4	4	5	1	3	1	1	5	1	5	4	5	3	1	4	1	1

3D表示機能を搭載しているとはいえ，19インチに対して20万円する商品案1に対しては，どちらの回答者も低く評価しています。また，55インチが5万円，2万5千円と格安な商品案9，13の評価は，どちらの回答者も高くなっています。

一方で，32インチで録画機能や3D表示機能がなく，2万5千円である商品案11に対しては，回答者1は低い評価を，回答者2は高い評価を与えています。他の商品案への回答から推測すると，回答者1は録画機能がないことを強いマイナス要素としてとらえ，欲しくないと考えているようです。また，回答者2は，32インチが2万5千円という格安で買うことができる点を強いプラス要素としてとらえ，欲しいと考えているようです。

ここから，要因の重要さ，水準の評価の仕方（部分効用）は，人によって異なることがわかります。しかし，価格が高くて機能に乏しい商品は誰から見ても魅力が低いというように，平均的にどの要因をどの程度重視しているのか，どの水準の部分効用が高いのか検討することはできます。コンジョイント分析における各要因の重要度，各水準の部分効用は，この平均に対して推定されます。

3.6 水準の魅力の推定

部分効用の推定は，3.1節で述べたとおり，全体効用から行います。図3-1で示した商品Aの全体効用の式をより正確に示すと，以下のとおりです。

商品Aの魅力 = 切片 + 32インチ画面の魅力 + 3D表示なしの魅力
+ 外付けHDD録画機能の魅力 + ノーブランドの魅力
+ 50,000円という価格の魅力 + 残差

以前に示した全体効用の式と異なっているのは，「切片」と「残差」の2つの項です。

質問コーナー

本文中の説明にしたがって必要な要因や水準の検討を行いましたが，候補が大量に出てきてしまい整理できません。このようなときにはどうすればいいでしょうか？

こういった問題は第7章で説明するAHPにおいても起こり得ます。そういった場合には，KJ法のような整理法を用いるのが一つの解決策です。たとえば，要因をすべてカードに書き出して，似ているもの同士をまとめてラベルをつけて整理し，そのうえでそのまとまりを精査し，不要なものが混じっていないか，統合できるものはないかなど確認するといったやり方です。一人だけでやると主観的なまとまりになりやすいので，複数の専門家で行うとよいでしょう。また，可能ならば，複数回行って同じようなまとまりが得られれば，その結果は頑健なものと見なすことができます。

切片は，すべての水準の魅力が0である（後述します）商品に対する，回答者全員の全商品案に対する評価の平均値です。この値は評価の基準となるものですが，特に考察の対象ではありません。

残差は，測定誤差や，大画面テレビであれば3D機能の価値が上がるというような交互作用の効果など，この式の右辺の変数（独立変数）では表現できない影響のすべてをひっくるめたもので，単純に誤差と呼ぶこともあります。

この式は，本シリーズ第2巻『実験心理学のための統計学』で取り上げた分散分析とよく似た形をしていますが，第3巻で取り上げた回帰分析とも密接に関係しています。また，分散分析と回帰分析を合わせたモデルを一般線形モデル（第4巻『教育心理学のための統計学』第2章）といったように，分散分析と回帰分析は同じ統計モデルです。別の言い方をすれば，分散分析は，ダミー変数を用いた回帰分析（第9巻『犯罪心理学のための統計学』第5章）です。

しかし，現実の分析場面では，分散成分の分解に着目するならば分散分析を，より独立変数の従属変数に対する影響（回帰係数）の大きさに着目するならば回帰分析を用いる，というように使い分けられているのが実際です。

したがって，分散分析や回帰分析と同様の計算方法で，部分効用を推定することができます。実は，部分効用は，回帰分析における回帰係数です。分析の結果は表3-10のとおりです。なお，切片の値は1.7595でした。

表3-10　線型モデルによる推定値

画面サイズ	推定値	3D対応	推定値	録画機能	推定値	メーカー	推定値	価格	推定値
19インチ	−0.7015	3Dあり	−0.1385	外付けHDD	0.7305	甲社	0.3576	¥25,000	0.4873
32インチ	−0.1936	3Dなし	0	内蔵HDD	0.7553	乙社	0.3655	¥50,000	0.3845
40インチ	−0.1013			Blu-ray+HDD	0.8871	丙社	0.8871	¥100,000	0.4167
55インチ	0			録画機能なし	0	ノーブランド	0	¥200,000	0
平均値	−0.2491		−0.0692		0.593223		0.286123		0.32213

ここで注目すべきは，各要因にそれぞれ1つずつ，推定値が0となっている水準があることです。これは，ある特定の水準の効果を0と置き，その値を基準として，ほかの水準の効果（部分効用）を推定しているために起こります。

たとえば「価格」に注目すると，推定値はすべてプラスになっています。これは，200,000円の効果を0と置いたときのほかの価格の魅力を示しているため，200,000円より安い，つまり魅力の高いほかの価格の評価はプラスになっているということです。具体的に言うと，価格が200,000円の部分効用を0としたとき，25,000円の部分効用は0.49となっています。これは，他の要因の水準を変えずに，もし価格だけを200,000円から25,000円に引き下げたならば，評価点が0.49点上がることを意味しています。

下線部は，偏回帰係数を解釈するうえで重要です。つまり，他の独立変数を一定としたときに，当の独立変数を1つ増加させたときの従属変数の増分が，偏回帰係数の定義です（第2巻参照）。

切片の値についても注意が必要です。これは，それぞれの要因の部分効用が0であるとき，つまり55インチ，3Dなし，録画機能なし，ノーブランド，200,000円のときの，全体効用の平均値を意味しています。なお，今回の質問紙には，そのような組み合わせの商品案は質問紙にはありません。もし，そのような組み合わせの商品案があれば，その商品案に対する回答者の評価の平均値とみなすことができます。

この表3-11の結果を用いることで，部分効用や全体効用を確認することができ，各水準の重要性などを検討することができます。しかし，この方法では，どの水準を0とするかによって推定される値や切片の値が変わり，直感的にわかりやすいものではありません。そこで，各要因の**部分効用**の平均値が0となるように調整します。そのためには，各要因における推定された回帰係数の平均値を，それぞれの推定値から引けばよいことになります。たとえば以下のとおりです。

32インチの部分効用 = 32インチの推定値 − 画面サイズの平均値
= −0.1936 − (−0.2491) = 0.0555

このようにして調整した部分効用の推定値は表3-11のとおりです。

表3-11　調整済みの平均値

画面サイズ	部分効用	3D対応	部分効用	録画機能	部分効用	メーカー	部分効用	価格	部分効用
19インチ	−0.4524	3Dあり	−0.0692	外付けHDD	0.1373	甲社	0.0715	¥25,000	0.1652
32インチ	0.0555	3Dなし	0.0692	内蔵HDD	0.1621	乙社	0.0794	¥50,000	0.0624
40インチ	0.1478			Blu-ray＋HDD	0.2939	丙社	0.1353	¥100,000	0.0946
55インチ	0.2491			録画機能なし	−0.5932	ノーブランド	−0.2861	¥200,000	−0.3221
平均値	0		0		0		0		0

これは，商品Aの魅力を求める式における部分効用となります。この式のなかの**平均魅力**は，先ほどの切片を表3-10の推定値を用いて，以下のように調整することで得ることができます。

平均魅力 = 切片 + E画面サイズの平均値 + 3D表示の平均値 +
録画機能の平均値 + ブランドの平均値 + 価格の平均値H = 1.7595 +
(−0.2491 − 0.0692 + 0.5932 + 0.2861 + 0.3221) = 2.7119

この結果から，3D機能についてはあまりイメージが良くないのか，3D機能をつけても評価がむしろ下がってしまうことが確認できます。

3.7 商品の魅力の計算

前節で求められた平均魅力と部分効用から，アンケートで質問していない組み合わせも含めて，個々の商品案にどの程度魅力があるか，以下のようにして**全体効用**の推定値を求めることができます。

たとえば，甲社製の40インチ，3D表示なしのテレビに関して，①外付けHDDによる録画機能をつけて5万円で売るのと，②内蔵HDDとBlu-rayレコーダー機能をつけて10万円で売るのとでは，どちらがより良い評価を得られるか考えます。このとき，各案の全体効用の推定値は以下のとおりです。

①案の全体効用（推定値）
　＝切片＋40インチの部分効用
　　＋3D表示なしの部分効用
　　＋外付けHDDの部分効用＋甲社の部分効用
　　＋¥50,000の部分効用
　＝2.7119＋0.1478＋0.0692＋0.1373＋0.0715＋0.0624＝3.200

②案の全体効用（推定値）
　＝切片＋40インチの部分効用
　　＋3D表示なしの部分効用
　　＋BlurayとHDDの部分効用＋甲社の部分効用
　　＋¥100,000の部分効用
　＝2.7119＋0.1478＋0.0692＋0.2939＋0.0715＋0.0946＝3.4108

全体効用では，やや②案のほうが評価が高いことがわかります。①案に5万円追加して，Blu-rayレコーダーの機能をつけることができるのだとしたら，消費者が受け入れる可能性は十分にあることがわかります。

3.8 推定値の信頼性の確認

前節までで，直交計画により作成された16種の商品案から部分効用を推定し，そこから全体効用を求める流れを説明しました。本節では，追加した残り2種の商品案を用いて，**推定値の信頼性**について検討します。

商品案⑰（乙社製の40インチ，3D表示あり，内蔵HDDとBlu-rayレコーダー機能あり，20万円）のテレビに関する評定値の平均は2.84164でした。また，商品案⑱（ノーブランドの32インチ，3D表示や録画機能なし，2万5千円）のテレビに対する評定値の平均は2.1225でした。これらの平均値と部分効用の合計によって求められた推定値とが近い値であれば，コンジョイント分析の結果は信頼できると言えます。それぞれ求めてみると，以下のとおりになります。

商品案⑰の全体効用（推定値）

$$= 2.7119 + 0.1478 - 0.0692 + 0.2939 + 0.0794 - 0.3221 = 2.8416$$

商品案⑱の全体効用E推定値H

$$= 2.7119 + 0.0555 + 0.0692 - 0.5932 - 0.2861 + 0.1652 = 2.1225$$

一方，商品案⑰の実際の平均値は2.7532，⑱は1.9958でした。⑰については5段階評価の平均値として0.09程度の差ですので，誤差のうちと言えそうです。ただ，⑱は0.12と，⑰よりはやや差が大きくなりました。推定値より低く評価されたのは，ノーブランドと低機能，低価格の組み合わせが，より信頼できない印象を持たせたためかもしれません。いずれにせよ，どちらも極端に大きな差が出たわけではありませんので，結果そのものは十分に信頼できるものと言えそうです。

このように，コンジョイント分析では，要因の組み合わせの影響を検討材料にしていませんでしたが，実際には影響がある可能性もこういった点から検討することができます。

3.9 特定個人の部分効用の算出

前節までは全体的な効用の推定について述べましたが，この方法は，特定個人の部分効用，全体効用の推定に応用することもできます。

たとえば表3-9で説明した2名について，それぞれ1人分のデータのみを対象にして同様の方法で部分効用の推定値を求めると表3-12のようになりました。

表上側は表3-9における上側の，下側は同じく下側の回答者の回答から推定した部分効用です。なお，切片はそれぞれ2.1875，3.0000でした。

全体で見ると概ね印象どおりとなりましたが，個人レベルで見ると，たとえば1人目の回答者は2万5千円と5万円を，2人目の回答者は5万円と10万円を同程度とみなしているなど，商品の好みについて個人差が見られます。

表3-12　個人における部分効用の推定値（2人分）

画面サイズ	部分効用	3D対応	部分効用	録画機能	部分効用	メーカー	部分効用	価格	部分効用
19インチ	−1.1875	3Dあり	−0.4375	外付けHDD	0.8125	甲社	−0.1875	¥25,000	0.3125
32インチ	0.3125	3Dなし	0.4375	内蔵HDD	0.0625	乙社	0.3125	¥50,000	0.3125
40インチ	−0.4375			Blu-ray+HDD	0.3125	丙社	−0.1875	¥100,000	−0.1875
55インチ	1.3125			録画機能なし	−1.1875	ノーブランド	0.0625	¥200,000	−0.4375
19インチ	−1.5000	3Dあり	−0.1250	外付けHDD	0.2500	甲社	0.7500	¥25,000	1.5000
32インチ	0.2500	3Dなし	0.1250	内蔵HDD	0.2500	乙社	0.0000	¥50,000	0.2500
40インチ	0.5000			Blu-ray+HDD	−0.2500	丙社	−0.2500	¥100,000	0.2500
55インチ	0.7500			録画機能なし	−0.2500	ノーブランド	−0.5000	¥200,000	−2.0000

ただ，3.5節で述べた1人目の回答者は，録画機能がないことを大きなマイナス点ととらえていること，2人目の回答者は2万5千円という価格に強く反応していることなどは，部分効用からも確認することができ，各個人の部分効用の推定もまた重要であることがわかります。もし，好みの傾向に対して，男性か女性か，学生か社会人かなどの属性変数が大きく関わっているとしたら，そのような属性を持つ集団に対して，強く商品をアピールすることができます。

Quiz

理解できたか
チェック
してみよう！

問1：旅行会社がツアープランを作成することを考えます。以下のような要因，水準があるとき，表3-4の直交表を用い，て要因，水準の重要度を測定するためのツアープランを作成してください。

行き先：札幌，福岡

添乗員：あり，なし

宿クラス：エコノミー（1人1泊あたり8000円），高級（同2万円）

問2：ソフトウェアを使って，問1のような状況で，要因，水準をそれぞれ以下のように増やして考えます。このとき，それぞれの要因，水準の重要度を測定するためのツアープランを作成してください。この問題は，ソフトウェアを用いて作成してください。

行き先：札幌，福岡，沖縄，仙台

宿泊先：都市部，郊外

添乗員：あり，なし

宿クラス：エコノミー，高級

宿タイプ：洋風，和風

日程：平日，週末

問3：ソフトウェアを使って，問2で作成したツアープランについて，あなた自身の好みを「1. まったく好みでない」～「5. 非常に好みである」までの5段階評価で回答してください。そのうえで，その結果を用いて各水準の重要度を計算してください。さらに，あなた自身の好みについて解釈してください。

問4：ソフトウェアを使って，伴走サイト掲載の各テレビの好みのデータから，各水準の重要度を計算してください。そのうえで，結果からわかることについて解釈してください。

問5：問4で計算した各水準の重要度を元に，理想的なテレビについて，好まれ方，実現性などの観点から，メーカーの立場に立って検討してください。

第4章 実際に購入する消費者とは——ロジスティック回帰分析

本章では，商品を実際に購入するのはどのような消費者なのかについて考えます。どのようなタイプの消費者が，どのようなタイプの製品を購入するかを調べることは，非常に重要です。製品案を企画するとき，購買層（年齢や性別，生活スタイルを含む）を具体的にイメージしておくことで，魅力的な製品を企画することができます。また，購買層が分かれば，メンバー登録制のショッピングサイトや店頭でも選択的に売り込みをかけることができます。ここでは，以下のような商品案を想定します。

画面サイズ55インチ，3D表示可能，外付けHDDに録画，甲社製，価格￥199,800

この商品は，単身世帯ではなく，何人かの家族が同居している家庭において，リビングなどに置いて家族が共有するために購入するものでしょう。また，高機能，高級志向の消費者が購入するものであるとも予想できます。まず，これらの予想について確認します。

本章で用いるデータは表4-1のとおりです。

IDに続く3列はテレビの「使用者」で，使用する人に1を置いています。たとえば，ID2の

表4-1　本章で用いるデータ

ID	使用者			高級志向度	基本性能重視度	購入意向
	家族・同居人と共用	あなた専用	あなた以外の誰か家族・同居人専用			
1	0	1	0	10	16	0
2	1	0	0	15	19	1
3	1	0	0	12	12	0
4	0	1	0	12	12	0
5	1	0	0	13	12	0
6	1	0	0	11	19	1
7	0	1	0	11	17	0
8	0	0	1	11	12	0
9	1	0	0	15	19	1
10	0	1	0	10	16	0
384	0	1	0	14	19	0

人は，家族とともに使うことを考えています。使用者のデータは，どれか1列に1が入っていればそれ以外は0ということになります。

「高級志向度」は，製品のブランドや高級感，高性能な機能を重要視する程度を表していて4～20点の自己評価です。「基本性能重視度」は，故障の少なさや操作性の良さ，画質の良さといった基本的な性能の高さを表していて4～20点の自己評価です。最後にある「購入意向」は，店舗でこの商品を薦められたとき，この商品を購入するか否かで，1であれば購入する，0であれば購入しないです。

表4-2は，使用者と購入意向から作成したクロス集計表です。表4-2より，家族と共用すると答えた回答者のうち，購入すると答えた割合が34％であるのに対して，個人用と答えた回答者ではその割合は21％ですから，ほぼ期待どおりの結果と言えます。

表4-2　使用者と購入確率のクロス集計表（カッコ内は行和に対する割合）

	購入する	購入しない	計
家族・同居人と共用	58（0.34）	112（0.66）	170
あなた以外の誰か家族・同居人専用	6（0.26）	17（0.74）	23
あなた専用	41（0.21）	150（0.79）	191
計	105	279	384

図4-1は，高級志向度（横軸）と購入意向（縦軸）の散布図です。購入意向は0か1の2値変数ですので，天井と床に張り付いているような散布図になっています。

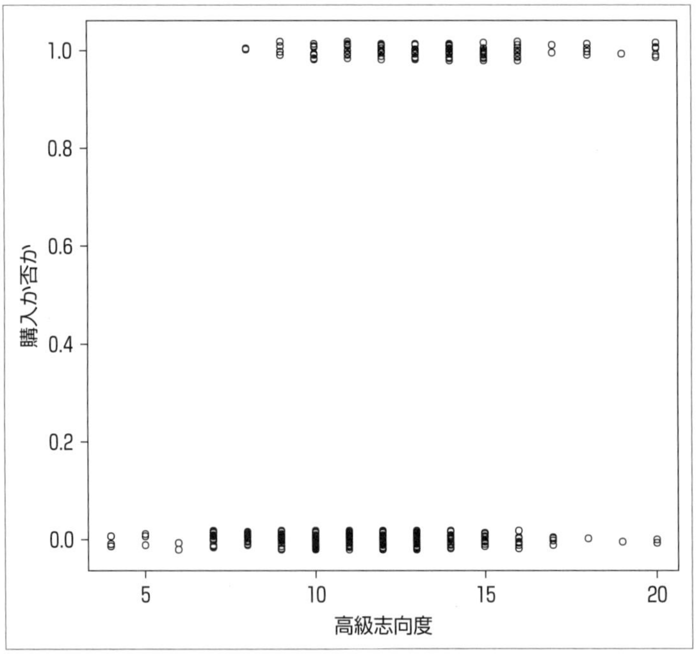

図4-1　高級志向度と購入確率の散布図

また，ID3とID4の人は，ともに高級志向度が12点で購入意向が0となっています。そのため，普通に散布図を描くとこの2人は重なってしまって1つの点に見えてしまいます。そこで，図4-1では，重なっている散布点を少しずらして描画しています。散布図を作成するにあたり，散布点の重なりが目立つときには，有効な描画法です。

図より，横軸で左，すなわち高級志向度が低い人ほど購入者する割合は低く，右に行くほど高くなっていることが確認できます。

このことは，表4-3からも確認できます。表4-3は，高級志向度を6つに区分し，それぞれの志向度における回答者の購入意向を集計したものです。たとえば，回答者総数384人のうち，高級志向度が7～9点だった人は66人であり，そのうち購入する意向を示したのが6人であったということです。

表4-3　高級志向度ごとの購入数と購入率

高級志向度	4～6	7～9	10～12	13～15	16～18	19～20
購入意向（率）	0/8 (0.00)	6/66 (0.09)	29/156 (0.19)	46/115 (0.40)	18/30 (0.60)	6/9 (0.67)

4.1 回帰分析による予測の問題点

さてここで，この高級志向度の高さから，どのくらい購入が期待できるのかを予想してみましょう。これは，単純に表4-3を参考にすることができます。たとえば，高級志向度が13～15点の人は，40％くらい買うでしょう。しかし，ここでは高級志向度を6区分しているので，おおざっぱな計算となっています。高級志向度がちょうど13点の人は，何％くらいが買うでしょうか。とは言え，10区分や4点～20点まで1点刻みの17区分のように，あまり細かく区切って集計してもうまくいきません。

図4-1を見ると，全体的には高級志向度が高いほど購入率は高いですが，部分的には例外も生じています。たとえば高級志向度が16点の人の購入率は61％であるのに対して，17点の人では43％，18点の人は80％となっています。高級志向度が17点のときに，一時的に購入率は下がるのでしょうか。これは誤差と考えたほうが自然です。

よって，誤差を含むデータから，誤差を取り除いて予測する式を作ることができればよい，ということになります。ある変数（高級志向度。ここでは**予測変数**[*4]と呼びます）の値から，別の変数（購入意向。ここでは**基準変数**[*5]と呼びます）の値を予想する方法として，**回帰分析**があります。単回帰分析（予測変数が1つの回帰分析）を使えば，購入確率の予測式は次のようになります。

＊4　独立変数と言うこともあります。
＊5　従属変数と言うこともあります。

購入率 = 傾き × 高級 + 切片　　　[4-①]

この予測式を当てはめ，実際に計算して得られた回帰直線を散布図に重ねた結果が，図4-2です。4-① 式で左辺に得られるのは，グラフの縦軸の値であり，基準変数の予測値です。しかし今回の場合，基準変数の取り得る値は，「購入しない」を示す0か，「購入する」を示す1です。

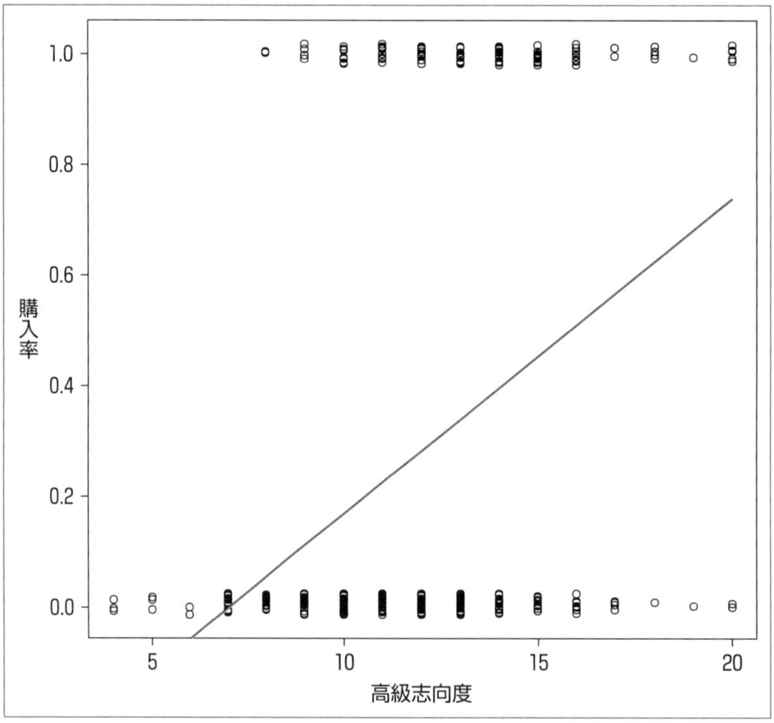

図4-2　回帰直線の当てはめ

基準変数が2値変数であるときの回帰分析では，基準変数の値は，1（ここでは購入する）を選択する確率ととらえます。つまり，予測式は，購入率を予測する式となります。

この点をふまえて図4-2を確認すると，① 式には大きな問題があります。高級志向度が7点以下のとき，購入率が負の値になっています。また，今回は，高級志向度の最大値が20であるため大丈夫でしたが，場合によっては購入率が1を超えてしまうこともあります。しかし，確率は0（0%）～1（100%）の間に入っていなくてはいけません。回帰分析では，高級志向度が1上がると，購入率が傾きの大きさだけ増加するという仮定を置いているために，このようなことが起こります。

図4-3のように，実際には常に一定の増加になりません。図4-3は，表4-3に基づいて，高

級志向度によって購入率をプロットした折れ線グラフです。高級志向度が10点以下と低い値のときは，購入率が低いところで変わりませんが，15～16点のあたりでプロットが急激に伸びています。また，このグラフでははっきりとわかりにくいですが，高級志向度がより高くなった場合でも，購入率が1を超えることはありません。つまり，途中で購入率の上昇は頭打ちになるということです。この購入率の変化を示す線は，おおざっぱに言えばS字の形になります。単回帰分析のような直線ではなく，このようなS字形にフィットする予測式を使うほうが，基準変数が2値変数であるときには自然です。

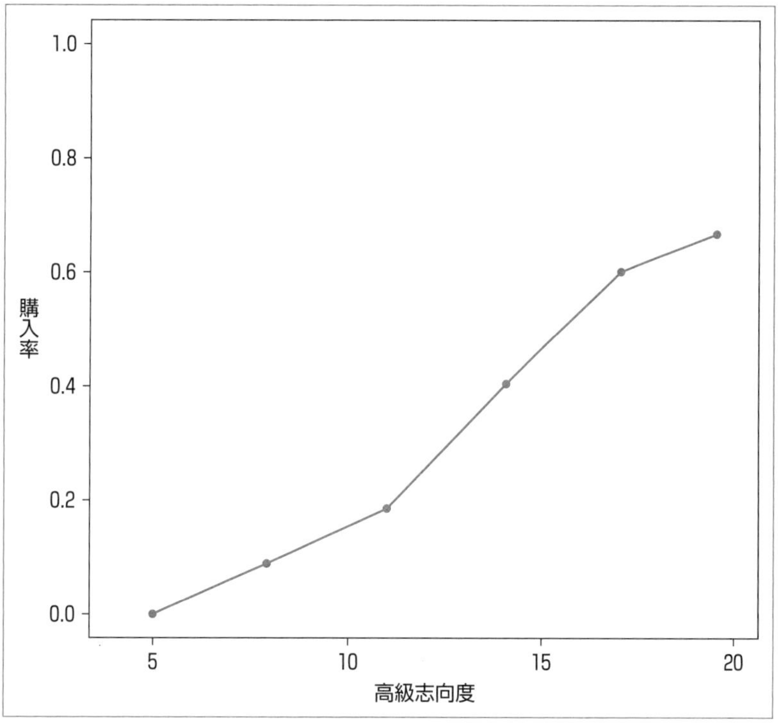

図4-3　高級志向と購入率の関係

4.2 ロジスティック回帰分析の基本的な形

前節で述べたとおり，基準変数が2値変数のときは予測値を0～1の確率とするので，予測式に直線を用いるのは不都合です。こういったときにはロジスティック回帰分析を用います。**ロジスティック回帰分析**は回帰分析の１つですが，予測式が直線ではなく，S字形の予測曲線を持つ回帰分析です。この手法を用いると，基準変数の値が0～1の間から外れることなく，予測変数の値を用いて基準変数の確率を推測することができます。

ロジスティック回帰分析では，予測式は以下のようになります。

$$購入率 = \frac{1}{1 + e^{-(傾き \times 高級 + 切片)}} \qquad [4\text{-}②]$$

eは，**自然対数の底**もしくは**ネイピア数**と呼ばれる定数で，約2.718です。4-② 式は，4-① 式と関連していて，4-① 式の右辺全体にマイナスがついて，eのべき乗として右肩に乗っています。ただし，ロジスティック回帰分析では，切片とは言わないので，今後，**位置**と呼ぶことにします。この位置，傾きの意味については，次節で説明します。

また，e^xを**exp（x）**と書くことがあります。この表記法は，xが複雑であるときに見やすいです。以上の表記法に従うと，4-② 式は以下のように書き換えることができます。

$$購入率 = \frac{1}{1 + \exp\{-(傾き \times 高級 + 位置)\}}$$

単回帰分析と同じように傾きと位置を推定(*6)すると，表4-4のように，それぞれ0.334，−5.148となりました。その他の出力については，後で説明します。

表4-4　ロジスティック回帰分析の母数の推定値

	推定値	標準誤差	p	exp（傾き）	exp（傾き）の95％信頼区間	
					下限	上限
傾き	0.334	0.050	0.000	1.397	1.272	1.546
位置	−5.148	0.650	0.000			

つまり，予測式が以下のように得られました。

$$購入率 = \frac{1}{1 + \exp\{-(0.334 \times 高級 - 5.148)\}}$$

この式に，高級志向度を代入することで，高級志向度ごとの購入確率を求めることができます。たとえば高級志向度が10であれば，以下となり(*7)，高級志向度が10点の人がこのテレビを購入する確率は，約14％と予測することができます。

$$購入確率 = \frac{1}{1 + \exp\{-(0.334 \times 10 - 5.148)\}} = \frac{1}{1 + 2.718^{1.805}} = 0.141$$

この予測式をグラフに描くと図4-4となります。予測式を描画したものを**予測曲線**と言います。

＊6　一般的に**最尤推定法**という方法を用いて推定します。
＊7　この式や以降に出てくる計算で，四捨五入による丸め誤差のため，一致しないことがあります。

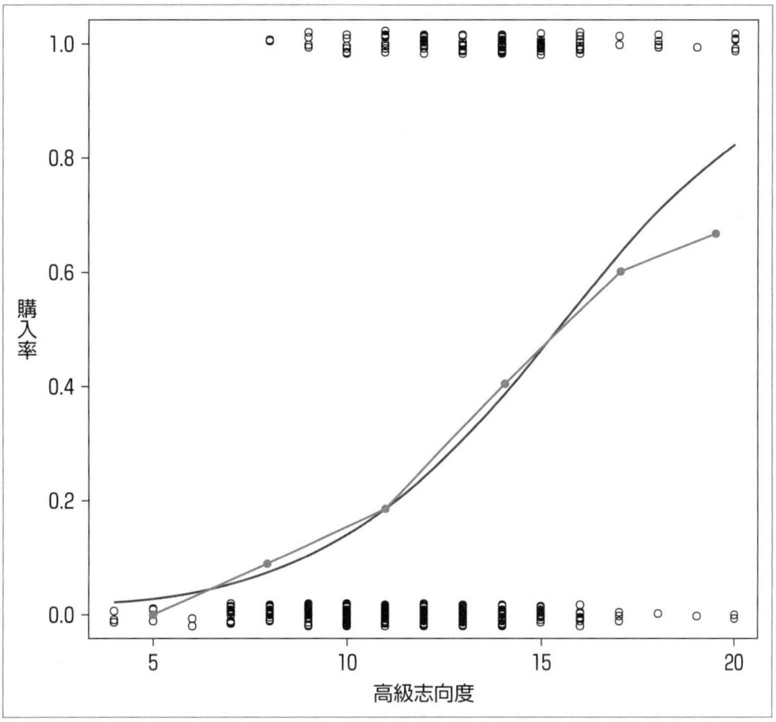

図4-4　予測曲線の当てはめ

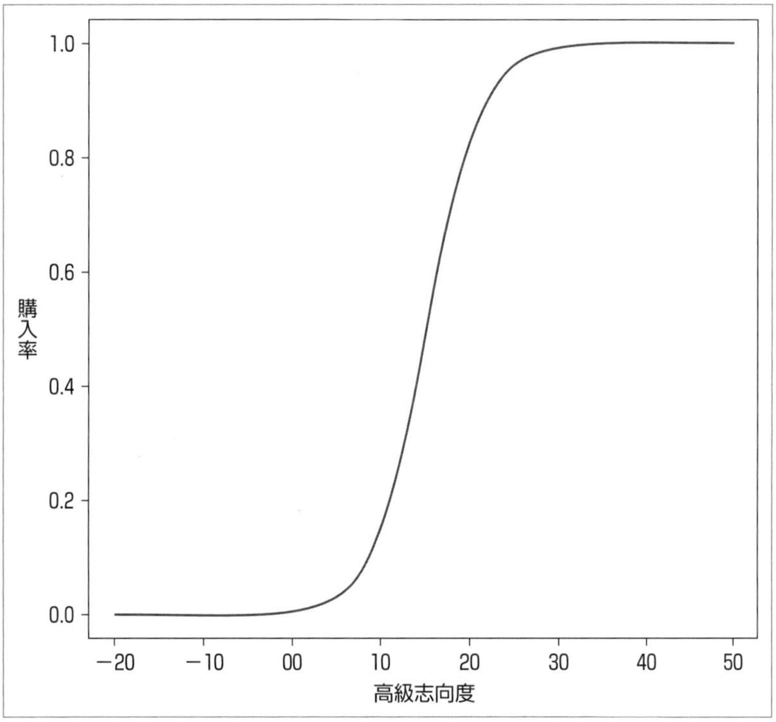

図4-5　横軸の範囲を拡大した予測曲線

この図には，図4-3の折れ線グラフ（高級志向度6区分ごとの購入率のプロット）も，同時に描いています。折れ線と予測曲線は基本的に重なっていて，予測曲線が実際のデータを近似していることが確認できます。また，高級志向度が中程度の部分では，曲線の傾きが急になっていますが，高級志向度が低いところと高いところでは，傾きがなだらかになっています。

実際の高級志向度の範囲は4～20ですが，少しわかりにくいので，高級志向度が −20～50の広い範囲でこの予測曲線を観察してみましょう。この予測曲線は，図4-5のように，どれだけ高級志向度の値が低くなっても確率が0を下回ることはなく，高級志向度の値が高くなっても1を上回ることはない，S字の曲線となっています。ここから，このロジスティック回帰分析で求めた予測曲線は，確率の定義域である0～1から外れることがないことが確認できます。

4.3 ロジスティック回帰分析における母数（位置・傾き）の意味

前節で，ロジスティック回帰分析における予測式と，位置・傾きという曲線の形を決める値，すなわち母数を設定しました。本節では，位置と傾きの意味について確認します。

前節で示した予測式は，以下のとおりでした。

$$\text{購入率} = \frac{1}{1 + \exp\{-(\text{傾き} \times \text{高級} + \text{位置})\}}$$

この式の中の「傾き×高級志向度＋位置」をAと置き，eに2.718という値を入れると，予測式は以下のとおりとなります。

$$\text{購入率} = \frac{1}{1 + 2.718^{-A}} = \frac{1}{1 + \frac{1}{1 + 2.718^{A}}}$$

つまり，Aの値が大きくなると2.718^Aが大きくなるので，$\frac{1}{2.718^A}$はどんどん0に近づいていきます。すると，この式全体では以下のようになり，1に近づいていきます。

$$\text{購入率} = \frac{1}{1+0} = \frac{1}{1}$$

一方，Aの値が小さくなると，$\frac{1}{2.718^A}$の部分の値は無限大まで大きくなります。そうすると，式全体では以下のようになり，確率は0に近づいていきます。

$$購入率 = \frac{1}{1+\infty} = \frac{1}{\infty}$$

このことから，予測確率（購入率）が0～1の範囲に収まること，Aの値が大きくなると予測確率は高くなり，Aの値が小さくなると予測確率は低くなることがわかります。

次に，Aの中身について確認します。A＝傾き×高級＋位置ですから，位置の値が大きければAが大きくなり，結果的に予測確率も高く計算されます。逆に，位置の値が小さく，またマイナスであるほどAが小さくなり，結果として予測確率も低く計算されることになります。

また，傾きが正であれば，高級志向度が大きいほどAが大きくなり，結果的に予測確率も上がります。逆に，傾きが負であれば，高級志向度が上がるにつれてAが小さくなり，予測確率は下がることを意味します。そして，傾きが0であれば，高級志向度の大きさによってAの値が変わらないので，したがって予測確率も変わらず，結果的に，高級志向度と予測確率には関係がないということを示します。

解釈するうえで，回帰分析における切片と傾きの役割とよく似ていますが，xの値が0の場合のyの値が切片，xの値が1大きくなったときのyの増分が傾きである，というような，通常の回帰分析に見られた単純な関係性ではないので注意してください。

4.3.1　位置の意味

続いて，ロジスティック回帰分析における位置の役割について詳しく考えます．ここでは，傾きを2と置き，位置の値を－1，0，1と変化させた以下の式を考えます。予測変数をxとしています。また，通常の回帰分析では，左辺の基準変数はyと置くことが多いですが，ここで求める値は確率となるため，左辺はpと置きます。

$$p = \frac{1}{1+\exp\{-(2x+位置)\}}$$

その結果，予測曲線は図4-6のとおりとなります。

$x=0$のときは以下となるため，この値は傾きに依存しません。

$$p = \frac{1}{1+\exp(-位置)}$$

そして，位置が－1であれば確率は0.269，0であれば0.5，1であれば0.731となります（図4-6）。しかし，単回帰分析における切片のように，わかりやすい意味を示すことはできません

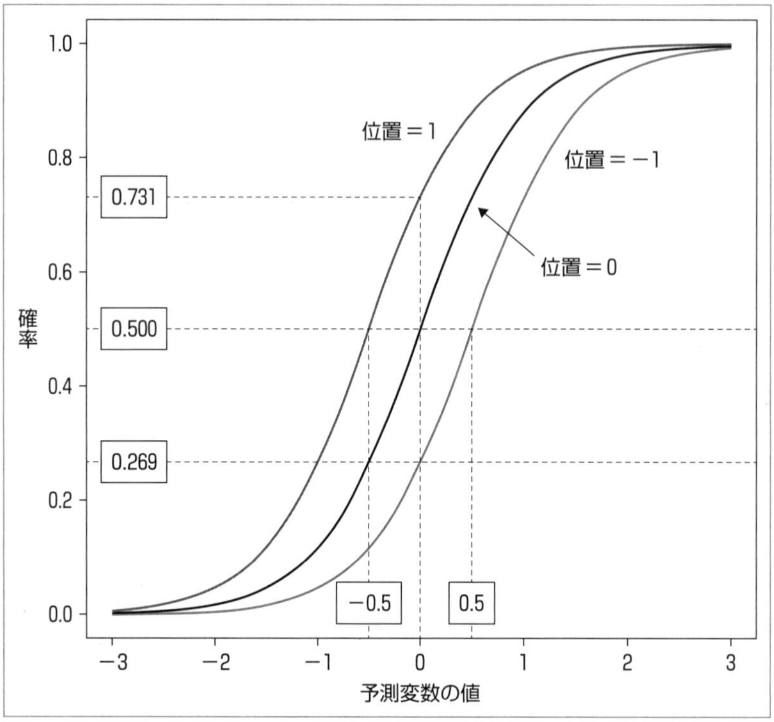

図4-6　位置を変化させたときの予測曲線の変化

が，位置の値によって，S字曲線の置かれる場所が変わることがわかったと思います。そのため，この母数を**位置母数**と呼んでいます。

4.3.2 傾きの意味

次に，傾きの意味について考えます。説明を簡単にするため，位置を0とし，傾きを −1，0，1，2と変化させた以下の式を考えます。

$$p = \frac{1}{1 + \exp\{-(\text{傾き} \times x)\}}$$

図4-7は，このときのそれぞれの予測曲線を示したものです。

今は位置を0としているため，傾きの値にかかわらず，xが0のときに確率が0.5になっています。傾きが負のとき，xの値が大きくなるにしたがって予測確率が減少します。傾きが0であれば，xの値の変化によって予測確率は変化しません。傾きが正のときは，xの値が大きくなると予測確率が高くなっていきます。また，傾きが1のときと2のときでは，2のときのほうが，確率が0.5近辺での予測曲線の勾配が急になります。

このように，ロジスティック回帰分析の傾きは，傾きの絶対値が大きくなるほど確率0.5近

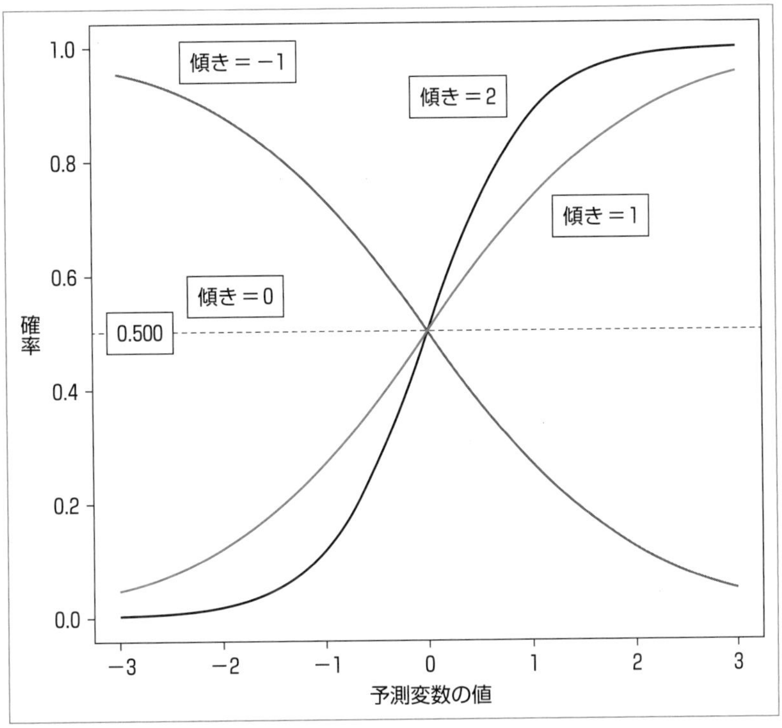

図4-7　位置を0とし，傾きを変化させたときの予測曲線の変化

辺での曲線の勾配が急になるという意味では，回帰分析における回帰直線の傾きと似た性質を持っています。ただし，回帰直線では増分が常に一定であるのに対して，ロジスティック回帰分析の予測曲線では増分が一定ではありません。曲線の両端では変化が少ないですが，曲線の中央部では変化が大きくなります。したがって，単純に傾きの大きさを解釈するのは難しいです。描画しながら解釈を進めるとよいでしょう。

4.3.3 母数の解釈

本節の最後に，母数の解釈の仕方についてまとめておきます。位置がプラスであるほど，S字曲線が左（マイナス方向）に移動します。プラス方向に移動するのではないので注意してください(*8)。

表4-5　ロジスティック回帰分析の母数の解釈

母数	意味
位置	●プラスであるほど，S字曲線が左（マイナス方向）にある。 ●マイナスであるほど，S字曲線が右（プラス方向）にある。
傾き	●プラスであるとき，右肩上がりのS字曲線となる。プラスであるほど，確率0.5周辺の傾きが急になる。 ●マイナスであるとき，右肩下がりの逆S字曲線となる。マイナスの絶対値が大きいほど，確率0.5周辺の傾きが急になる。 ●ゼロであるとき，横一直線となる。

＊8　単回帰分析でも，切片の値が大きくなれば，直線は左に移動します。それと同じです。

4.4 オッズとオッズ比

前節で述べたとおり，予測変数（高級志向度）が1大きくなると，予測確率（購入率）が具体的にどれくらい変わるのかは，傾きの値だけから単純に解釈することは難しいです。そこで本節では，予測変数の値が1大きくなることによる予測確率の変化について，少し深く考えます。

購入率（ここではpと置きます）を求める式は，以下のとおりでした。

$$p = \frac{1}{1+\exp\{-(\text{傾き}\times\text{高級}+\text{位置})\}} \qquad [4\text{-③}]$$

まず，基本的な事項の確認として，たとえば高級志向度が9，10，11のときの購入確率を計算してみましょう。傾きと位置は，以前推定した0.334，−5.148を用います。

$$\text{購入率}_9 = \frac{1}{1+\exp(-(0.334\times 9-5.148))} = 0.105$$

$$\text{購入率}_{10} = \frac{1}{1+\exp(-(0.334\times 10-5.148))} = 0.141$$

$$\text{購入率}_{11} = \frac{1}{1+\exp(-(0.334\times 11-5.148))} = 0.187$$

上記のように，高級志向度を1ずつ増やしても，購入率の変化量は一定の大きさで増加しません。高級志向度が9から10に変化したときと，10から11に変化したときでは異なっています。

具体的には，$\text{購入確率}_{10}-\text{購入確率}_9=0.036$，$\text{購入確率}_{11}-\text{購入確率}_{10}=0.046$となっています。

また，$\dfrac{\text{購入確率}_{10}}{\text{購入確率}_9}=1.341$，$\dfrac{\text{購入確率}_{11}}{\text{購入確率}_{10}}=1.323$であり，変化率も異なっています。

予測変数の値によって変わらない，でも傾きの大きさを解釈するうえで便利な指標は定義できないでしょうか。以下に考えてみましょう。

まず，［4-③］式の両辺に，$1+\exp\{-(\text{傾き}\times\text{高級志向度}+\text{位置})\}$をかけると，この式は以下のように変形できます。

$$p+p\times\exp\{-(\text{傾き}\times\text{高級}+\text{位置})\}=1$$

この式をさらに以下のように変形します。

$$1-p=p\times\exp\{-(\text{傾き}\times\text{高級}+\text{位置})\}$$

$$\frac{1-p}{p}=\exp\{-(\text{傾き}\times\text{高級}+\text{位置})\}=e^{-(\text{傾き}\times\text{高級}+\text{位置})}=\frac{1}{e^{\text{傾き}\times\text{高級}+\text{位置}}}$$

したがって，両辺の逆数をとって（分子と分母を入れ替えて），最終的に以下の形になります。

$$\frac{p}{1-p}=\frac{\text{買う確率}}{\text{買わない確率}}=e^{\text{傾き}\times\text{高級}+\text{位置}}=\exp(\text{傾き}\times\text{高級}+\text{位置}) \qquad [4\text{-④}]$$

この式の左辺の分数を見ると，分子は購入確率pです。購入する確率と購入しない確率の合計は1ですから，分母の$1-p$は購入しない確率です。つまり左辺は，「購入する確率は購入しない確率の何倍か」という比を意味しています。この比のことを**オッズ（odds）**と呼びます。

簡単に言うと，買うという気持ちは，買わないという気持ちよりどれくらい強いかという，買う／買わないの気持ちの天秤のようなものです（図4-8）。図4-8の左図のように，買う気持ちのほうが強ければ（重ければ），分子のほうが大きいので，オッズが1よりも大きくなります。逆に，真ん中の図のように買わない気持ちのほうが強ければ，分母のほうが大きいので，オッズは1より小さくなります。右図のようにオッズがちょうど1.0のとき，買う／買わないの気持ちが均衡しているということです。

ロジスティック回帰分析では，このオッズを使って，予測変数の変化の意味を検討します。

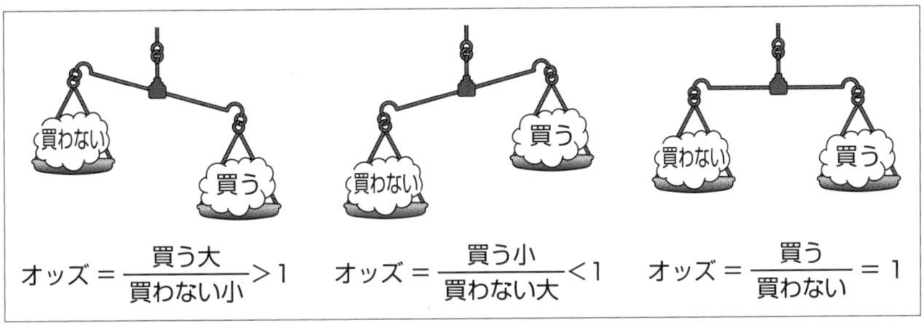

図4-8　オッズのイメージ

予測変数の変化の意味を考えるために，高級志向度が9，10，11それぞれの場合におけるオッズの値を考えます。[4-④] 式に代入してみると，以下のようになります。

高級志向度が9のときのオッズ　$\text{オッズ}_9 = \exp(0.334 \times 9 - 5.148) = 0.118$
高級志向度が10のときのオッズ　$\text{オッズ}_{10} = \exp(0.334 \times 10 - 5.148) = 0.164$
高級志向度が11のときのオッズ　$\text{オッズ}_{11} = \exp(0.334 \times 11 - 5.148) = 0.230$

オッズはいずれも1より小さいので，高級志向度が9，10，11の人は，買わない気持ちのほうが強いということです。ちなみに，高級志向度が16点の人はオッズが1.222となり1を超えるので，買う気持ちのほうがわずかに強くなります。

ここで，以下のようなオッズ同士の比を求めます。

$$\frac{\text{オッズ}_{10}}{\text{オッズ}_9} = \frac{\exp(0.334 \times 10 - 5.148)}{\exp(0.334 \times 9 - 5.148)} = \frac{0.164}{0.118} = 1.397$$

$$\frac{\text{オッズ}_{11}}{\text{オッズ}_{10}} = \frac{\exp(0.334 \times 11 - 5.148)}{\exp(0.334 \times 10 - 5.148)} = \frac{0.230}{0.164} = 1.397$$

これらの比はそれぞれ，高級志向度が9から10に変化したときのオッズは何倍になるのか，高級志向度が10から11に変化したときのオッズは何倍になるのかを示しています。これらのように，オッズ同士の比を計算したものを**オッズ比**（**odds ratio**）と言います。

なお，上記2つのオッズ比がともに1.397で一致しているのは偶然ではありません。予測変数の値が1単位変化するごとに，オッズは定数倍（今回は1.397倍）されていきます。

この点を，より一般的な形で確認します。ある値の高級志向度と，その値に定数Cを足したときの高級志向度を考えます。すると，それぞれのオッズは以下のようになります。

$$\frac{p}{1-p} = \exp(\text{傾き} \times \text{高級} + \text{位置})$$

$$\frac{p_C}{1-p_C} = \exp\{\text{傾き} \times (\text{高級} + C) + \text{位置}\}$$

よって，この2つのオッズ比は以下のとおりです。

$$\frac{p_C}{1-p_C} \bigg/ \frac{p}{1-p} = \frac{\exp\{\text{傾き} \times (\text{高級} + C) + \text{位置}\}}{\exp(\text{傾き} \times \text{高級} + \text{位置})}$$

ここで，$\frac{e^x}{e^y} = e^{x-y}$を利用すると以下が得られます。

$$\frac{p_C}{1-p_C}\Big/\frac{p}{1-p}=\exp\{傾き\times(高級+C)+位置-(傾き\times高級+位置)\}$$
$$=\exp(傾き\times C)$$

さらに，$e^{w\times z}=(e^{w})^{z}$を利用すると，最終的には以下のようになります。

$$\frac{p_C}{1-p_C}\Big/\frac{p}{1-p}=\{\exp(傾き)\}^{C}$$

$C=1$とすると，オッズ比は $\{\exp(傾き)\}^{1}=\exp(傾き)$ となります。ここから，以下の3点がわかります。

(1)　予測変数が1単位増加したとき，$\exp(傾き)=2.718^{傾き}$が，オッズの変化率を示しており，これが傾きの持つ意味であるということ。

(2)　予測変数がC単位分増加したときのオッズの変化率は，$\{\exp(傾き)\}^{C}$倍であること。

(3)　予測変数が1単位増加したときのオッズの変化率は，元の予測変数の値と関係なく一定であること。

上記のうち，オッズ比の意味として最も重要なものは1です。まず，単純な説明をしておきます。図4-9を見てください。

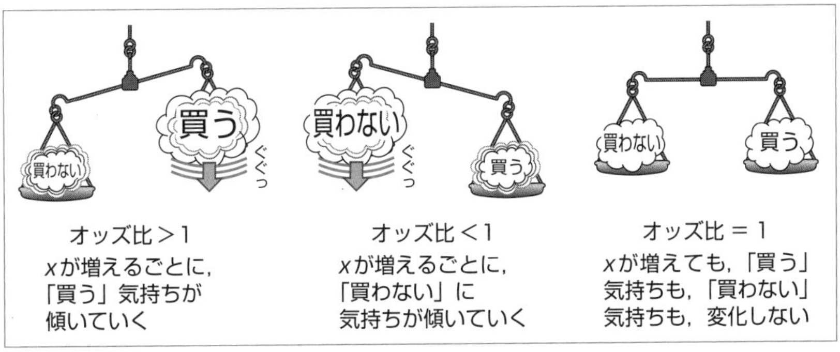

図4-9　オッズ比のイメージ

この図から，以下のことがわかります。

- オッズ比が1より大きいと，予測変数が1増えるごとに「買う」に気持ちが傾く。

- オッズ比が1より小さいと，予測変数が1増えるごとに「買わない」に気持ちが傾く。
- オッズ比が1のとき，予測変数の増減によって気持ちの変化なし。

大枠は理解できたと思うので，もう少し詳しく説明しておきます。図4-9の左図のように，オッズ比が1より大きいとき，予測変数の値が増えるごとに買う気持ちが強くなり，買わない気持ちが弱くなっていきます。買う気持ちだけが強くなるのではありません。買わない気持ちも弱くなります。なぜなら，買う気持ち（買う確率）と買わない気持ち（買わない確率）は足して1.0にならなくてはいけないので，どちらかのみを強くするということはできないからです。

そして，買う／買わないという気持ちの比が，オッズ比倍になるということです。たとえば，オッズ比が2ならば，オッズが買う確率／買わない確率＝0.2/0.8＝0.25から，予測変数が1増えるとオッズ＝0.33/0.67＝0.5のように2倍になり，買う気持ちに傾いていくということです。つまり，単純に買う気持ちが一定の強さだけ増していくということではなく，買う／買わないの気持ちの比が定数倍されていくという少し複雑な関係になっていますので，注意してください。

逆に，図4-9の中央の図のように，オッズ比が1より小さいときは，予測変数の値が増えることによって，買う／買わないの気持ちの偏りが買わないに傾いていくことを意味します。たとえば，オッズ比が0.5ならば，あるときオッズ＝0.8/0.2＝4.0だったのが，予測変数を1増やすとオッズが0.67/0.33＝2.0のように0.5倍になり，買わない気持ちが強くなるということです。

また，図4-9右図のようにオッズ比が1のとき，予測変数が増えたり減ったりすることが，予

質問コーナー

予測変数が1増えたときにオッズが何倍になるのかが，オッズ比の定義と説明していました。予測変数がどんどん大きくなってオッズが何倍という値に増え続けたら，いつか確率が1を超えてしまったりしないのでしょうか？

たとえば，オッズ比が100のように大きな場合を考えます。この場合，予測変数が1増えるたびにオッズは100倍になります。もし，予測変数の値が1のときの購入確率が0.5であったとすると，このときのオッズは $\frac{0.5}{1-0.5}=1$ です。予測変数が2になると，オッズは100倍で100になりますので，$\frac{p}{1-p}=100$ です。これを解くと，$p=\frac{100}{101}=99.01\%$ となります。予測変数の値が3なら，オッズはさらに100倍で10000となり，$\frac{p}{1-p}=10000$。これを解くと，$p=\frac{10000}{10001}=99.99\%$ です。

このように，オッズが大きな値になると，それに伴って確率の増加幅が小さくなります。結果，予測変数の値の変化に伴い，どれだけオッズ x が大きくなったとしても，$p=\frac{x}{1+x}$ となり，分母の値は分子の値よりも必ず1大きいので，確率は決して1を超えません。

測確率に影響を与えないことを意味しています。このオッズ比の概念は，リスク要因からある病気の発症リスク（発症する／発症しない）などを考える，医療統計の場面でも非常によく用いられています。

実は，表4-4において，位置に関する出力でexp（傾き）の列に記載されている1.397が，オッズ比です。買う／買わないという気持ちの強さの比（オッズ）は，高級志向度が1増えると，1.397倍になる（買うに気持ちが傾く）ということです。

ただし，表4-4の最右列に記載されている，オッズ比の95％信頼区間もしっかり確認してください。95％信頼区間が［1.267，1.540］となっています。つまり，今回の324名の標本ではオッズ比が1.397でしたが，抽出した324人の結果がたまたま1.397であっただけである可能性があり，母集団における真のオッズ比というものが実際にどれくらいの値であるかは，［1.267，1.540］の範囲で慎重に判断する必要があります。

今回の場合は，95％信頼区間の下限が1.0を上回っています。つまり，高級志向度が増えたときに少なくともオッズは増加する，つまり，購入率が増加することは，かなり確からしいと言えます。逆に信頼区間の下限が1.0を下回っているのであれば，高級志向度が増えたときに，購入率が増加しない場合や，それどころか逆に減少する可能性も考えられますので，高級志向度が本当に購入率に影響を与えているかどうかは，慎重に判断したほうがよいでしょう。

4.5 複数の予測変数があるときのロジスティック回帰分析

単一の予測変数から単一の基準変数の値を予測する**単回帰分析**に対して，複数の予測変数の値から一つの基準変数の値を予測するとき，**重回帰分析**を用いました（本シリーズ第3巻『社会心理学のための統計学』参照）。それと同様に，ロジスティック回帰分析でも，複数の予測変数から確率を予測することができます。これを**多重ロジスティック回帰分析**（**multiple logistic regression analysis**）と言います。

予測変数が2つの場合の重回帰分析は，以下のとおりでした。

$$y = \text{切片} + \text{傾き}_1 \times \text{予測変数}_1 + \text{傾き}_2 \times \text{予測変数}_2$$

同様に，2つ目の予測変数として，基本性能重視度を用いると，購入率の予測式は以下のようになります。

$$\text{購入率} = \frac{1}{1 + \exp\{-(\text{傾き}_1 \times \text{高級} + \text{傾き}_2 \times \text{基本} + \text{位置})\}}$$

ここで，傾き$_1$，傾き$_2$，位置を，これまで同様に推定すると，表4-6のとおりとなりました。

表4-6 多重ロジスティック回帰分析の母数の推定値

	推定値	標準誤差	p	exp（傾き）	exp（傾き）の95％信頼区間	
					下限	上限
傾き$_1$	0.321	0.052	0.000	1.378	1.245	1.525
傾き$_2$	0.044	0.049	0.375	1.045	0.948	1.151
位置	−5.719	0.926	0.000			

推定値を予測式に代入すると，以下のようになります。

$$購入率 = \frac{1}{1 + \exp(-(0.321 \times 高級 + 0.044 \times 基本 - 5.719))}$$

よって，高級志向度10，基本性能重視度10の回答者の購入率は11.1％，高級志向度10，基本性能重視度が20であれば，購入率は16.3％ということになります（確認してみてください）。

基本性能重視度が10のときと20のときで，高級志向度を変化させたときの購入率の変化の予測曲線を描くと，図4-10のようになります。具体的には，以下の2つの予測曲線です。

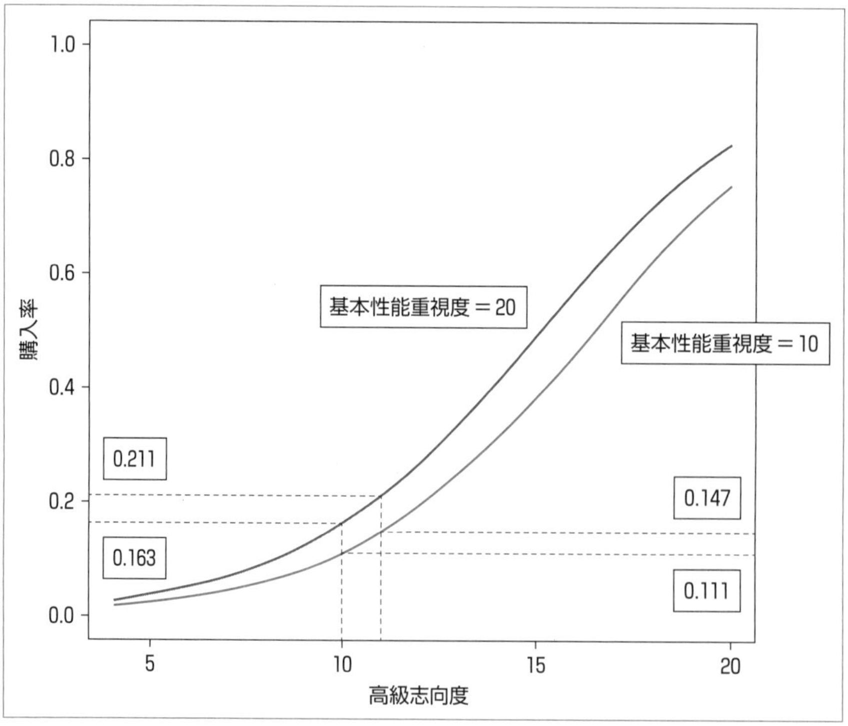

図4-10 基本性能重視度が10の場合と20の場合における予測曲線の変化

$$購入率 = \frac{1}{1+\exp(-(0.321\times 高級 + 0.044\times 10 - 5.719))} = \frac{1}{1+\exp(-(0.321\times 高級 - 5.282))}$$

$$購入率 = \frac{1}{1+\exp(-(0.321\times 高級 + 0.044\times 20 - 5.719))} = \frac{1}{1+\exp(-(0.321\times 高級 - 4.845))}$$

基本性能重視度には定数を代入しているので，変数は高級志向度だけとなっています。この2つの予測曲線は，傾き母数の値が同じで，位置母数の値のみが異なっています。よって，一定の値だけ左右に平行移動させると，2つの曲線は重なります。

ここで，それぞれの曲線について，高級志向度を10から11に1増加させることを考えます。このとき，基本性能重視度が10の場合には，購入確率が11.1%から14.7%に増加することになり，変化量は3.6%，変化率は1.32倍です。一方，基本性能重視度が20の場合には，16.3%から21.1%に増加するので，変化量は4.8%，変化率は1.30倍となります。

予測変数が1つのときは，予測変数が9から10へ変化するときと，10から11に変化するときとでは，変化量も変化率も異なるという点に注意する必要がありました。一方で，予測変数が2つ以上あるときには，それに加えていま見たとおり，一方の予測変数の値が変わると，たとえ同じようにもう一方の予測変数を10から11に変化させたとしても，変化量と変化率が異なってしまいます。

しかし，このようなときでも，オッズ比は一定の値となっています。まず，オッズについて見てみましょう。予測変数が1つの場合と同様に，オッズは以下の式で求められます。

$$\frac{p}{1-p} = \frac{買う確率}{買わない確率} = \exp(傾き_1 \times 高級 + 傾き_2 + 基本 + 位置)$$

そして，基本性能重視度が10のときと20のときについて，高級志向度を10から11に1増加させたときのオッズ比を考えます。それぞれ，以下のとおりとなり，この分析ではオッズ比は1.378で一定です。

$$\frac{\exp(0.321\times 11 + 0.044\times 10 - 5.719)}{\exp(0.321\times 10 + 0.044\times 10 - 5.719)} = 1.378$$

$$\frac{\exp(0.321\times 11 + 0.044\times 20 - 5.719)}{\exp(0.321\times 10 + 0.044\times 20 - 5.719)} = 1.378$$

もちろん，高級志向度を9から10に1増加させた場合でも，8から9に増加させた場合でも，いつでも高級志向度を1増加させたときにはオッズ比は1.378で一定です。このように，オッズ比であれば，基本性能重視度の値を分子と分母で揃えるという条件（式中，赤色の部分）を満たしていれば，基本性能重視度の値によらず，オッズ比（高級志向度が1上昇したときのオッズの変化率）は一定となります。これは，基本性能重視度が一定であれば，高級志向度が1大きくなると，買う／買わないというオッズが1.378倍になる（買うに気持ちが傾く），ということです。

このことは，多重ロジスティック回帰分析におけるオッズ比として，以下のように一般化できます。

質問コーナー

オッズという言葉は，競馬などのギャンブルでよく聞きますが，ギャンブルにおけるオッズとロジスティック回帰分析におけるオッズは同じものなのでしょうか？

ロジスティック回帰分析におけるオッズは，何かを購入するという行為など，「何かが起こる確率/それが起こらない確率」という比によって求められます。それに対して，日本の競馬などにおけるオッズは，ある金額を賭けたときに，的中したらそれが何倍になって返ってくるかという倍率と定義されています。この説明を見る限りではまったく違っているように見えます。

さて，ここで，あなたと私がサイコロで勝負することを考えます。サイコロを1回投げて，4以下の目が出たら私の勝ち，5以上だったらあなたの勝ちというルールを定めたとしたとき，あなたが勝てば私があなたに100円支払い，私が勝てばあなたが100円支払うという条件だとしたら，それは公平な勝負でしょうか。4以下の目，つまり2/3の確率で私が勝ち，あなたが勝つ確率は残りの1/3しかないのですから，あなたのほうが勝った際に，より多くを受け取ることができるルールでなければ不公平です。

では，あなたが勝ったときに，どれだけ多く受け取れれば，公平な勝負になるでしょうか。ここで，ロジスティック回帰分析の文脈で勝ちと負けのオッズを考えます。すると，$\frac{1/3}{2/3}=1/2$です。勝つ確率は負ける確率の1/2，つまり負けるほうが2倍起こりやすいのですから，負けたら100円支払うのであれば，勝った場合200円受け取ることができれば，あなたから見て，勝負の収支の期待値は，$-100\times\frac{2}{3}+200\times\frac{1}{3}=0$となります。このとき，私の収支の期待値も，$100\times\frac{2}{3}-200\times\frac{1}{3}=0$と，等しく0になります。お互い期待値は0ですから，どちらかが得しやすかったり損しやすかったりするわけではなさそうで，公平と言えます。

このように，公平なギャンブルを考えるとき，勝ちと負けのオッズの逆数，つまり負けと勝ちのオッズが，あなたが勝ったときに受け取るべき金額を求めるための倍率となりますので，その意味ではギャンブルにおけるオッズも，ロジスティック回帰分析におけるオッズも，本質的な意味は同じです。

実際のギャンブルにおいては，掛け金が全額分配されるわけではなく，競馬場などの運営にかかわる費用などが差し引かれますので，そもそも運営側にとっても勝負に参加する側にとっても，収支の期待値は0になっていませんし，また，先ほどの例のように，結果が出てから負けたほうが払うわけではなく，前もって参加者側が支払う仕組みになっていますので，倍率には元の支払い分の1倍も加算されます。さらに言えば，競馬のようなギャンブルの場合には，そもそも客観的な勝つ確率も不明であり，その部分が各馬に対する投票率に置き換わっています。その結果，確率の比としてのオッズやオッズの逆数とはまったく違う値が出てきますが，本質的な意味は同じと考えて差し支えありません。

$$\frac{\frac{p_C}{1-p_C}}{\frac{p}{1-p}} = \exp\{傾き_1 \times (高級 + C) + 傾き_2 \times 基本 + 位置 - (傾き_1 \times 高級 + 傾き_2 \times 基本 + 位置)\}$$
$$= \exp(傾き_1 \times C) = \{\exp(傾き_1)\}^C$$

このことから，多重ロジスティック回帰分析における傾きの意味は，重回帰分析における偏回帰係数と同様に，他の予測変数の値が一定であるとき，ある予測変数が1単位変化したときのオッズ比を導くもの，と理解することができます。破線部分は解釈するうえで必須の条件文ですので，省略してはいけません。

得られた個々の予測変数におけるオッズ比（$\exp(傾き_1)$）は，他の予測変数の値を一定に調整したうえでのオッズ比ということで，**調整オッズ比**と呼びます。表4-6にも調整オッズ比が掲載されています。論文やレポートでは必ず解釈するようにしましょう。

また，オッズ比の95％信頼区間を解釈することも極めて重要です。いくらオッズ比が1を超えていても，オッズ比の下限が1を下回っていたならば，その予測変数が本当に予測確率を上げるのに貢献しているかはわからないからです。同じように，オッズ比が1を下回っていても，上限が1を超えていたならば，その予測変数が本当に予測確率を下げるのに貢献しているかはわかりません。一方，95％信頼区間が［0.7, 0.9］のように，どちらも1.0を下回っていれば，その変数が予測確率を押し下げるのに効果があると言えます。

傾き$_1$のオッズ比の95％信頼区間は［1.245, 1.525］であり，上限も下限も1.0を超えています。この場合，5％の有意水準で，高級志向度が購入率を押し上げるのに効果があると言えます。一方，傾き$_2$のオッズ比の95％信頼区間は［0.948, 1.151］であり，区間の中に1.0を含みます。この場合，母集団におけるオッズ比（母オッズ比）が1.0である可能性を否定できません。したがって，基本性能重視度は購入率に影響を与えているとは言い切れません。

4.6　予測変数が2値変数の場合

ロジスティック回帰分析では，予測変数（基準変数ではなく！）に，0か1の，2値変数を用いることもできます。ここでは，高級志向度と使用者（個人用か共用か）という2つの予測変数を考えます。具体的には，表4-1の「使用者」の3列を利用し，「家族・同居人と共用」という回答を1と置き，「あなた専用」「あなた以外の誰か家族・同居人専用」という回答を，「個人用」とまとめて0とします。これは，家族・同居人と共用という列のみを取り出したときと同じです。このとき，推定式はこれまでと同じです。

$$\text{購入率} = \frac{1}{1 + \exp\{-(\text{傾き}_1 \times \text{高級} + \text{傾き}_3 \times \text{使用者} + \text{位置})\}}$$

傾き$_1$，傾き$_3$，位置を推定すると，表4-7のとおりとなりました。

表4-7　2値変数を含むロジスティック回帰分析の母数の推定値

	推定値	標準誤差	p	exp（傾き）	exp（傾き）の95％信頼区間	
					下限	上限
傾き$_1$	0.334	0.050	0.000	1.397	1.266	1.541
傾き$_3$	0.591	0.251	0.018	1.806	1.105	2.952
位置	−5.434	0.675	0.000			

よって，個人用（使用者＝0）に購入するとき，高級志向度が10であれば購入率は11.0％となり，共用（使用者＝1）に購入するとき，高級志向度が10ならば，購入率は18.2％と求められますので，確認してみてください。個人用と共用とで，高級志向度を変化させた場合の予測曲線をそれぞれ描くと，図4-11のとおりです。

この曲線の解釈も，高級志向度と基本性能重視度の場合と同じようにできます。次に，個人

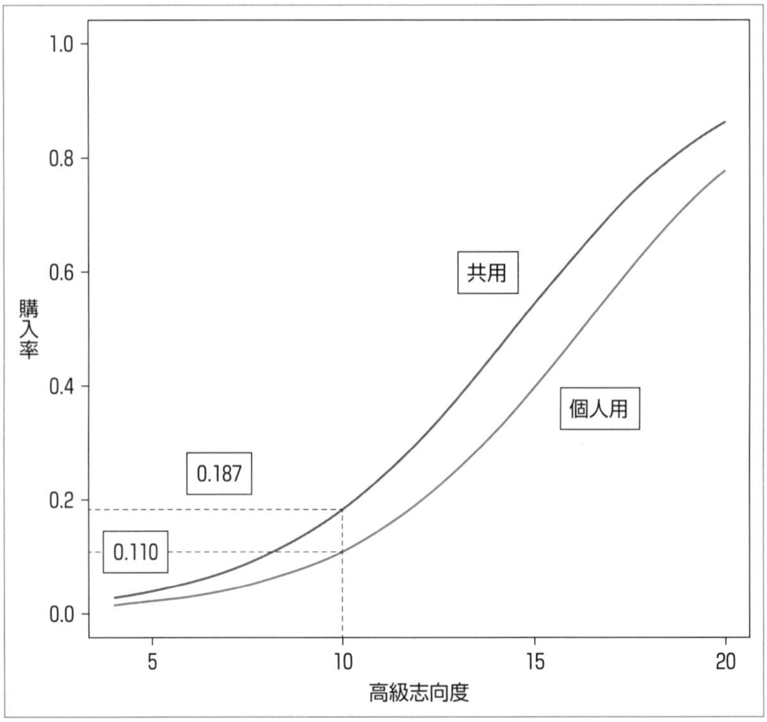

図4-11　個人用の場合と共用の場合の予測曲線

用の場合と共用の場合とのオッズ比について考えます。先ほどまでのオッズ比を求める式について，高級志向度を一定の値とし，個人用か共用かでオッズ比を求める式に変形します。結果，以下のとおり，exp(傾き$_3$)　$=2.718^{0.591}=1.806$の値がそのまま個人用に対する共用のオッズ比となります。

$$\frac{\frac{p_1}{1-p_1}}{\frac{p_0}{1-p_0}}=\exp\{(\text{傾き}_1\times\text{高級}+\text{傾き}_3\times 1+\text{位置})$$

$$-(\text{傾き}_1\times\text{高級}+\text{傾き}_3\times 0+\text{位置})\}=\exp(\text{傾き}_3)$$

つまり，共用を意図している人は，個人用を意図している人に比べて，買う／買わないのオッズが1.806倍ということです。つまり，このテレビのスペックは，共用を意図している人のほうが，買う／買わないの気持ちのバランスが1.806倍強いということです。また，傾き$_3$のオッズ比の95％信頼区間は［1.105, 2.952］であり，下限が1を超えています。そのため，5％の有意水準で，共用であることが購入率に正の影響を与えていると言えます。

Quiz

理解できたかチェックしてみよう！

問1：伴走サイト掲載のデータは，別の商品案について本文同様に購入の意向を問うたものです。ソフトウェアを使って，このデータから，図4-1のような高級志向度と購入確率の散布図を描いてください。そのうえで，高級志向度を予測変数，購入意向を基準変数として通常の単回帰分析を行い，回帰直線を散布図上に図示してください。

問2：ソフトウェアを使って，このデータについて，回答者を高級志向度を元に表4-3のように6つに区分し，それぞれの区分における購入意向を持つ確率を求めてください。そのうえで，その結果を図4-3のように図示してください。

問3：このデータについて，高級志向度を予測変数，購入意向を基準変数としてロジスティック回帰分析を行い，予測曲線を図示してください。

問4：ソフトウェアを使って，求めた結果から，高級志向度が9，10，11それぞれの場合における購入確率，オッズを求めてください。そのうえで，高級志向度が9の場合と10の場合，10の場合と11の場合とで，オッズ比を求めてください。

問5：ソフトウェアを使って，このデータについて，高級志向度と基本性能重視度を予測変数，購入意向を基準変数として，ロジスティック回帰分析を行ってください。そのうえで，高級志向度，基本性能重視度がそれぞれ10の場合の購入確率を算出してください。また，得られた結果についても解釈してください。

第5章 どの商品が好まれるのか ――多項ロジットモデル

本章では，前章のロジスティック回帰分析に続いて，ある商品を購入する確率について考えます。

ロジスティック回帰分析では，ある商品を買う／買わないという2つの選択肢から選択する問題となっていましたが，本章で取り上げる**多項ロジットモデル**では，たとえば表1-1（表5-1として再掲）のような，5つのテレビセットから1つを選択する，といった問題になります。なお，前章で説明した商品案は，表5-1の商品案Bでした。

表5-1　5つのテレビ案

	商品案	購入者数
A	24インチ，3D表示なし，外付けHDDに録画，ノーブランド，￥24,800	71
B	55インチ，3D表示あり，外付けHDDに録画，甲社，￥199,800	60
C	40インチ，3D表示なし，録画用HDDとBlu-rayレコーダー内蔵，乙社，￥145,800	161
D	32インチ，3D表示なし，録画機能なし，丙社，￥28,800	26
E	19インチ，3D表示なし，内蔵HDDに録画，丁社，￥39,800	66

消費者はこれらの商品のうち，どの商品を選択するでしょうか。表内の「購入者数」は，当該商品を選択した人数です。ここから，やや高額ですが，録画機能が充実している商品Cの人気が高い一方で，かなり廉価ながら録画機能のない商品Dは，あまり支持されていないことが確認できます。

しかし，あらゆる人にとって商品Cが魅力的なわけではないし，Dの魅力がないわけでもありません。一人暮らしの大学生であれば，小型で安いA，D，Eあたりを選択するでしょうし，リビングルームで家族で共有することを想定するのであれば，B，Cが主要な選択肢となってくるでしょう。また，テレビはその場で見られればいいという人にとっては，録画機能は重要ではないでしょうし，いつも番組表をチェックして，気になる番組は全部見たいという人にとっては，録画機能は不可欠と言えます。

このように，誰にとっても共通で魅力的な商品が一つあるわけではなく，それぞれの消費者の条件や志向によって，魅力を感じる商品が異なります。どんな条件，志向を持つ消費者が，どんな商品を選択するのかを分析するのが，本章の目的です。

本章で用いるデータは表5-2のとおりです。基本的には第4章と同じようなデータですが，**基準変数**が，購入するか否かという0，1の2値変数から，AからEまでのどの商品を購入するかという，5つの値を持つ**名義カテゴリ変数**に変わっています。

なお，第4章の分析時の基準変数「商品Bの購入意向」についても，説明のために残してあります。それ以外の変数は予測変数です。

なお，「選択商品」においてB以外の商品を選択しているのに，「B購入意向」について1（購入する）と回答しているケースがあります。これは，前者は「5つの商品案のなかでどれを選ぶか」という質問をしているのに対し，後者は「商品Bを勧められたとき，それを購入するか。という質問をしているためです。

表5-2　テレビ選択データ

ID	高級志向度	基本性能重視度	B購入意向	選択商品
1	10	16	0	A
2	15	19	1	C
3	12	12	0	C
4	12	12	0	A
5	13	12	0	E
6	11	19	1	B
7	11	17	0	C
8	11	12	0	E
9	15	19	1	C
10	10	16	0	B
384	14	19	0	C

5.1 効用

マーケティングの分野では，商品等の選択について，**効用**（utility）と呼ばれる，ある選択枝がどれくらい望ましいのかを，**潜在変数**（直接は測定できない変数）を用いて検討します(*9)。いくつかの選択肢があるとき，消費者は効用（商品の望ましさ）が最も高い選択枝（商品やサービスなど）を選ぶと仮定しています。本節では，商品の選択確率を求めるにあたり，まず効用について説明します。

効用は，以下の式で定義されます。

効用 ＝ 確定的効用 ＋ 確率的効用

確定的効用とは，分析者がモデル化した効用のことです。たとえば表5-2のように，「高級志向度」と「基本性能重視度」を用いて商品の選択確率を求めようとしているのであれば，効用のうち「高級志向度」と「基本性能重視度」で決まる部分が，確定的効用です。分析目的によって決まる部分です。他にも，広告やキャンペーンの効果のようなマーケティング変数の影響などを，考えることができるでしょう。

確率的効用は，**残差**と言い換えることもできます。分析の関心ではないが効用に影響を与え

*9　第3章のコンジョイント分析においても，全体効用や部分効用という，同じように望ましさを示す値が出てきていました。

る要素（天気や地域性など）や，その他の誤差などです。もし「高級志向度」と「基本性能重視度」だけで効用がすべて決まるのであれば，同じ「高級志向度」「基本性能重視度」を持っている消費者は，皆同じ商品を選択することになります。しかし，実際にはそうはなっていません。表5-2の3番目と4番目の消費者を比較すると，「高級志向度」と「基本性能重視度」は同じ得点なのに，選択している商品はCとAというように一致していません。

これは，たとえば個人用か家族との共用かによって，商品の選択のされやすさが異なるからです。今回の分析の関心事である「高級志向度」と「基本性能重視度」で決まる確定的効用に含まれていないが，でも効用に影響を与える別の変数が存在しているからです。家族構成，生活スタイル，月収など，テレビ選択という行動には本来は多くの要因を検討するべきですが，分析に含めることができなかった変数が決める効用が，この残差のなかに入ってきます。

また，同じ消費者であったとしても，その日のちょっとした気まぐれで選択が異なるというような，単純な行動のぶれも，誤差として残差のなかに入ってきます。

こういった，分析者が想定した以外の効用への影響すべてが，確率的効用ということになります。

5.2 商品の魅力

多項ロジットモデルでは，この効用を用いてどのようにそれぞれの商品の購入確率を求めるのでしょうか。この問題を考えるにあたり，少し具体的な形を考えてみます。

目の前に5つの商品A，B，C，D，Eがあるとき，消費者はどの商品を選択するでしょうか。ある消費者にとってのそれぞれの商品の魅力度の大きさを，仮に魅力$_A$〜魅力$_E$とします。ここで，その消費者が商品Aを購入する確率は，以下の式と考えることにします。

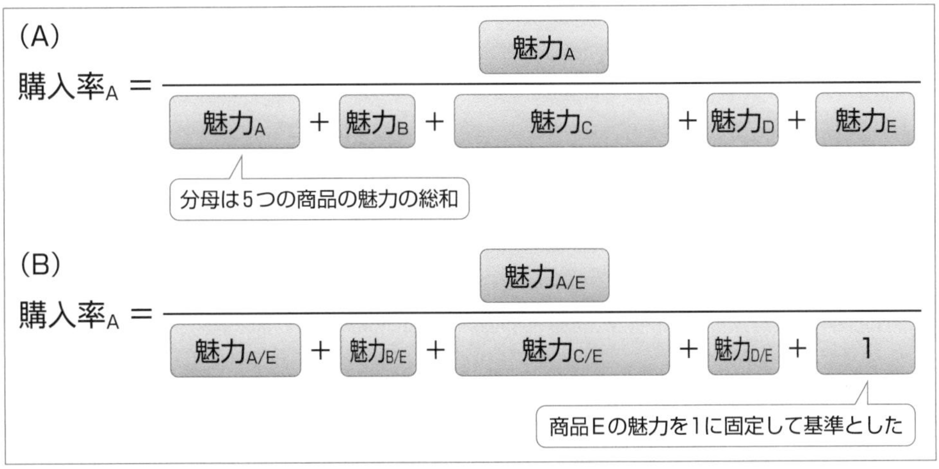

図5-1　購入率計算のイメージ

$$購入率_A = \frac{魅力_A}{魅力_A + 魅力_B + 魅力_C + 魅力_D + 魅力_E} \qquad [5\text{-①}]$$

この式は，商品Aを購入する確率は，各商品の魅力の総和のうち，商品Aの魅力が占める割合であることを表しています。図5-1（A）は，上の式を模式的に表しています。

ただ，この「魅力」は実態のある値ではありません。つまり，それぞれの商品の魅力同士の関係さえ保たれていれば，どんな値を設定することもできます。たとえば，5つの商品の魅力が5，4，3，2，1とすると，購入率$_A$は5/(5＋4＋3＋2＋1)＝5/15＝1/3となりますが，10倍して50，40，30，20，10としても，購入率$_A$は50/(50＋40＋30＋20＋10)＝1/3となって同じになります。定数倍しても同じなので，工夫として［4-①］式の分子と分母を魅力$_E$で割ります。すると，以下になります。

$$購入率_A = \frac{\frac{魅力_A}{魅力_E}}{\frac{魅力_A}{魅力_E} + \frac{魅力_B}{魅力_E} + \frac{魅力_C}{魅力_E} + \frac{魅力_D}{魅力_E} + \frac{魅力_E}{魅力_E}}$$

$$= \frac{魅力_{A/E}}{魅力_{A/E} + 魅力_{B/E} + 魅力_{C/E} + 魅力_{D/E} + 1} \qquad [5\text{-②}]$$

ここで，$魅力_{A/E} = \frac{魅力_A}{魅力_E}$，$魅力_{B/E} = \frac{魅力_B}{魅力_E}$，$魅力_{C/E} = \frac{魅力_C}{魅力_E}$，$魅力_{D/E} = \frac{魅力_D}{魅力_E}$としています。このうち，たとえば「魅力$_{A/E}$」は，商品Aの魅力と商品Eの魅力の比なので，「商品Eと比べたときの商品Aの魅力の大きさ」を表しています。これは，商品AのEに対するオッズと見ることもできますが，この点は後述することにして，ここではわかりやすく，「魅力」という表現を用いて話を続けます。

質問コーナー

本章で出てきた「魅力」って，結局何なのでしょうか？

本章では，個々の回答者がある商品に対して感じている好ましさを予測した値，という意味で用いています。これは，消費者心理学（や社会心理学）の文脈では，「態度」という概念として説明されます。態度とは，対象（ブランドや商品など）を消費者がどのように受け止め，どう評価するかに対する，経験的である程度一貫した傾向を示す構成概念と言うことができます。本章では「人気」と「魅力」が出てきていますが，「人気」が回答者全体の平均的な好まれ方である一方で，本章で「魅力」と表現したこのような態度は，消費者個人がそれぞれ持っている傾向という点が異なっています。

こうすることで，商品Eの魅力を1と固定し，基準にすることができます。基準を定めることで，先述した値が決まらないという問題を回避できるのです。この基準とする商品はどの商品でもかまわないですが，一番最後の商品を基準にすることが多いです。魅力が1より大きい商品は，商品Eよりも魅力があると言えるし，1より小さければ商品Eよりも魅力がないと言えます。

これ以降は，簡単に「$魅力_{A/E}$」を「$魅力_A$」と表記することにします。そして，［5-②］式と同様に，商品B～Dの購入確率も，以下のようにします。

$$購入率_B = \frac{魅力_B}{魅力_A + 魅力_B + 魅力_C + 魅力_D + 1}$$

$$購入率_C = \frac{魅力_C}{魅力_A + 魅力_B + 魅力_C + 魅力_D + 1}$$

$$購入率_D = \frac{魅力_D}{魅力_A + 魅力_B + 魅力_C + 魅力_D + 1}$$

$$購入率_E = \frac{1}{魅力_A + 魅力_B + 魅力_C + 魅力_D + 1}$$

$購入率_E$の分子は，$魅力_E/魅力_E = 1$となることに注意してください。なお，商品A～Eの購入率を全部足すと以下となり，いずれか1つを選ぶ確率の和が，うまいこと1（100％）となっています。なぜなら，5つのなかからどれか1つを必ず選ぶからです。

$$購入率_A + 購入率_B + 購入率_C + 購入率_D + 購入率_E \frac{魅力_A + 魅力_B + 魅力_C + 魅力_D + 1}{魅力_A + 魅力_B + 魅力_C + 魅力_D + 1} = 1$$

5.3 魅力の数値化

次に，この魅力（＊10）を実際に数値化し，確率を求めます。この数値化を行う際に使われるのが，5.1節で説明した効用，なかでも分析者がモデル化する効用であると説明した**確定的効用**です。

確定的効用は，以下のようにモデル化します。

$$確定的効用 = 重み_1 \times 予測変数_1 + 重み_2 \times 予測変数_2 + \cdots + 人気$$

＊10　「効用」「確定的効用」などは，マーケティング分野における学術用語ですが，「魅力」は本章で説明のために便宜的に用いている言葉で，一般的な用語ではありません。この点に注意してください。

ここで，各商品の魅力は，回答者の高級志向度の強さによってのみ変わるとします。商品Aを取り上げると，以下のようになります。

$$\text{商品Aの確定的効用} = \text{重み}_A \times \text{高級} + \text{人気}_A$$
$$\exp(\text{商品Aの確定的効用}) = e^{\text{重み}_A \times \text{高級} + \text{人気}_A} = 2.718^{\text{重み}_A \times \text{高級} + \text{人気}_A}$$
$$= \text{魅力}_A \qquad [5\text{-③}]$$

なぜexp(　)の形になるのかについては，本書のレベルを超えてしまうので省略しますが，多項ロジットモデルでは，確定的効用を用いてある選択枝の選択のされやすさ，すなわち魅力を表現しています。第4章でも出てきたとおり，ネイピア数（オイラー数）である2.718は，eとも表記され，e^xは$\exp(x)$とも書きます。第4章では，「重み」に相当する母数を「傾き」と呼び，「人気」に相当する母数を「位置」と呼んでいましたが，ここでは，より適切な名称に換えています。

重み母数も人気母数も，マイナスの値をとりえます。したがって，「重み×高級＋人気」の値はマイナスの値をとることもありますが，2.718のべき乗なので，魅力はプラスの値になります。どんな魅力の低い商品でも，魅力の値がマイナスになることはないので，解釈しやすくなっています。

なお，商品Eの魅力については，$\text{重み}_E = 0$，$\text{人気}_E = 0$と考えます。すると以下となり，商品Eの魅力を基準の1と置くことと整合しています。

$$\text{魅力}_E = 2.718^{\text{重み}_E \times \text{高級} + \text{人気}_E} = 2.718^0 = 1$$

こう表記することで，特に商品数が多いときに数式を簡略化できます。

5.4 購入率の再定義

以上により，［5-②］式の商品Aを購入する確率は，各商品の魅力を［5-③］式を使って表現すればよいので，以下となります。

$$\text{購入率}_A = \frac{e^{\text{重み}_A \times \text{高級} + \text{人気}_A}}{e^{\text{重み}_A \times \text{高級} + \text{人気}_A} + e^{\text{重み}_B \times \text{高級} + \text{人気}_B} + e^{\text{重み}_C \times \text{高級} + \text{人気}_C} + e^{\text{重み}_D \times \text{高級} + \text{人気}_D} + 1}$$

同様に，商品B～Eの購入確率は，次頁のようになります。

$$\text{購入率}_B=\frac{e^{\text{重み}_B\times\text{高級}+\text{人気}_B}}{e^{\text{重み}_A\times\text{高級}+\text{人気}_A}+e^{\text{重み}_B\times\text{高級}+\text{人気}_B}+e^{\text{重み}_C\times\text{高級}+\text{人気}_C}+e^{\text{重み}_D\times\text{高級}+\text{人気}_D}+1}$$

$$\text{購入率}_C=\frac{e^{\text{重み}_C\times\text{高級}+\text{人気}_C}}{e^{\text{重み}_A\times\text{高級}+\text{人気}_A}+e^{\text{重み}_B\times\text{高級}+\text{人気}_B}+e^{\text{重み}_C\times\text{高級}+\text{人気}_C}+e^{\text{重み}_D\times\text{高級}+\text{人気}_D}+1}$$

$$\text{購入率}_D=\frac{e^{\text{重み}_D\times\text{高級}+\text{人気}_D}}{e^{\text{重み}_A\times\text{高級}+\text{人気}_A}+e^{\text{重み}_B\times\text{高級}+\text{人気}_B}+e^{\text{重み}_C\times\text{高級}+\text{人気}_C}+e^{\text{重み}_D\times\text{高級}+\text{人気}_D}+1}$$

$$\text{購入率}_E=\frac{1}{e^{\text{重み}_A\times\text{高級}+\text{人気}_A}+e^{\text{重み}_B\times\text{高級}+\text{人気}_B}+e^{\text{重み}_C\times\text{高級}+\text{人気}_C}+e^{\text{重み}_D\times\text{高級}+\text{人気}_D}+1}$$

分母はすべての購入率で等しく，分子だけが変わっていることに注目してください。見慣れてしまえば，非常に単純な構造をしていることがわかります。統計モデルは，よくよく注意深く観察すれば，単純な構造をしていることがほとんどです。また，購入率_A～購入率_Eを足すと，相変わらず1になっています。

一般的な表現も与えておきましょう。全部でJ個の商品があるとき，商品jを購入する確率は以下となります。

$$\text{購入率}_j=\frac{e^{\text{重み}_j\times\text{高級}+\text{人気}_j}}{e^{\text{重み}_1\times\text{高級}+\text{人気}_1}+\cdots+e^{\text{重み}_{J-1}\times\text{高級}+\text{人気}_{J-1}}+1}=\frac{e^{\text{重み}_j\times\text{高級}+\text{人気}_j}}{1+\sum_{k=1}^{J-1}e^{\text{重み}_k\times\text{高級}+\text{人気}_k}}\quad(k=1,\cdots,J-1)\qquad[5\text{-④}]$$

質問コーナー

第4章のロジスティック回帰分析と多項ロジットモデルは，使われる用語も式も似ているようですが，予測式や解釈が異なっていました。この2つのモデルには，何か関係があるのでしょうか？

説明としては，ロジスティック回帰分析，多項ロジットモデルの順番でしたが，実際には多項ロジットモデルが一般的な形となり，ロジスティック回帰分析はその特別な状況と位置づけることができます。多項ロジットモデルについて，「商品Bを購入する」「購入しない」の2つを選択肢として設定し，「購入しない」を基準に「商品Bを購入する」確率の式を作ると以下のようになります。

$$\text{購入率}_B=\frac{\text{魅力}_B}{\text{魅力}_B+\text{魅力}_{\text{購入しない}}}=\frac{\text{魅力}_{B/\text{購入しない}}}{\text{魅力}_{B/\text{購入しない}}+1}=\frac{e^{\text{重み}_B\times\text{高級}+\text{人気}_B}}{e^{\text{重み}_B\times\text{高級}+\text{人気}_B}+1}$$

ここで，分子と分母をそれぞれ$e^{\text{重み}_B\times\text{高級}+\text{人気}_B}$で割ります。すると，以下のように変形できます。

$$\text{購入率}_B=\frac{e^{\text{重み}_B\times\text{高級}+\text{人気}_B}/e^{\text{重み}_B\times\text{高級}+\text{人気}_B}}{e^{\text{重み}_B\times\text{高級}+\text{人気}_B}/e^{\text{重み}_B\times\text{高級}+\text{人気}_B}+1/e^{\text{重み}_B\times\text{高級}+\text{人気}_B}}=\frac{1}{1+1/e^{\text{重み}_B\times\text{高級}+\text{人気}_B}}$$

$$=\frac{1}{1+e^{-(\text{重み}_B\times\text{高級}+\text{人気}_B)}}$$

この形は，ロジスティック回帰分析の式そのものです。このように，ロジスティック回帰分析は，買うか買わないかのいずれかしかあり得ない場合のロジットモデルであり，2項ロジットモデルとも呼ばれます。

考え方は一緒で，商品jの魅力を$e^{重み_j \times 高級 + 人気_j}$，商品$J$の魅力を1として，すべての商品の魅力に占める商品$j$の魅力の割合を，商品$j$の購入確率と定義しています。ただし，最後の商品$J$の購入確率は，以下となります。

$$購入率_J = \frac{e^{重み_J \times 高級 + 人気_J}}{e^{重み_1 \times 高級 + 人気_1} + \cdots + e^{重み_{J-1} \times 高級 + 人気_{J-1}} + 1} = \frac{1}{1 + \sum_{k=1}^{J-1} e^{重み_k \times 高級 + 人気_k}} \quad [5\text{-}⑤]$$

$e^{重み_J \times 高級 + 人気_J} = e^{0 \times 高級 + 0} = e^0 = 1$なので，分子が1になることに注意してください。

5.5 分析結果

このように，多項ロジットモデルは，複数の選択枝からある1つを選択する確率を，1つ以上の予測変数を用いて予測するモデルです。今回は，予測変数が高級志向度1つだけですが，2つ以上あってもかまわないです。このモデルを用いて，表5-2のテレビ選択データを分析した結果が表5-3です。

表5-3　多項ロジットモデルの母数の推定値（Eを0に固定）

	推定値	標準誤差	p	exp（重み）	exp（重み）の95％信頼区間	
					下限	上限
重み$_A$	−0.121	0.065	0.063	0.886	0.781	1.007
重み$_B$	0.338	0.070	0.000	1.401	1.222	1.607
重み$_C$	0.107	0.055	0.053	1.113	0.999	1.240
重み$_D$	0.006	0.087	0.943	1.006	0.849	1.193
重み$_E$	0.000					
人気$_A$	0.911	0.484	0.060			
人気$_B$	−3.007	0.634	0.000			
人気$_C$	0.062	0.445	0.889			
人気$_D$	−0.978	0.683	0.152			
人気$_E$	0.000					

表5-3の係数を購入率の式に代入すると以下のようになります。

$$購入率_A = \frac{\exp(-0.121 \times 高級 + 0.911)}{1 + \exp(-0.121 \times 高級 + 0.911) + \exp(-0.338 \times 高級 - 3.007) + \exp(0.107 \times 高級 + 0.062) + \exp(0.006 \times 高級 - 0.978)}$$

同様にしてB，C，D，Eの購入率の式を求め，それぞれの「高級志向度」に0，1，5，10，15を代入すると表5-4のとおりとなります。「高級志向度」が0点の消費者は，50％の確率で商品Aを選択し，ついで21.4％の確率で商品Cを選択するということがわかります。

また，「高級志向度」が10点の消費者が最も好むのは，商品C（46.3%）であることがわかります。当然ですが，行方向に購入率を足し合わせると，1（100%）となっています。

表5-4　多項ロジットモデルの確率計算

高級志向度	購入率					合計
	A	B	C	D	E	
0	0.500	0.010	0.214	0.076	0.201	1
1	0.456	0.014	0.245	0.078	0.207	1
5	0.282	0.055	0.376	0.080	0.207	1
10	*0.111*	*0.216*	*0.463*	*0.060*	*0.150*	1
15	0.027	0.524	0.354	0.028	0.067	1

もっと「高級志向度」について詳細に検討するには，購入率の式を図示することです。図5-2を見てください。

ここから，商品Cは「高級志向度」が4～13点くらいの消費者に最も好まれている商品であることがわかります。一方で，「高級志向度」が低い消費者には商品A，高い消費者には商品Bが好まれていることがわかります。また，商品Dは「高級志向度」の高低に関わらず，人気がない商品であることがわかります。

これらの点は，表5-1で確認した商品Cの購入率の高さや，Dの購入率の低さ，また，第4章で見た，商品Bの「高級志向度」が高いところでの購入率の高さなどと合致します。このよう

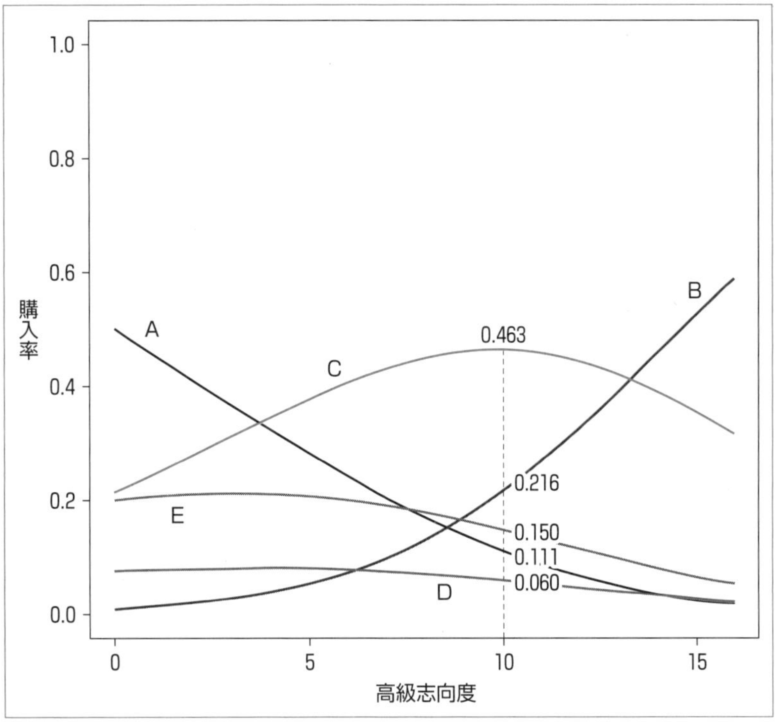

図5-2　商品A～Eの購入率曲線

に購入率曲線は，図示しながら解釈するときに非常に便利です。

なお，どの「高級志向度」の値でも，5つの商品の購入率の合計は1となっています。これは，5つの商品から必ず1つを選択するという条件になっているからです。

5.6 母数の解釈

多項ロジットモデルにおける母数である「重み」「人気」の意味は，［5-③］式より理解できます。この式は重要なので再掲します。

$$魅力_A = \exp(\{重み_A \times 高級 + 人気_A\}) = 2.718^{重み_A \times 高級 + 人気_A} = 2.718^x$$

上の式では，魅力を2.718^xと置きました。xは，重み$_A$×高級＋人気$_A$です。xの値が小さいほど（負に絶対値が大きいほど）魅力は0に近づき，0ならば1となり，正に大きくなれば無限大に近づくので，「重み」は回帰分析における傾きのように，予測変数（ここでは「高級志向度」）が魅力に与える影響の大きさということになります。この意味で「重み」と呼んでいます。

一方「人気」は，高級＝0のとき以下となるので，予測変数の値が0のときの魅力の基礎的な値，地力のようなものだということになります。この意味で「人気」と呼んでいます。

$$魅力_A = \exp\{重み_A \times 0 + 人気_A\} = \exp\{人気_A\}$$

一方で，確率について考えると，難しいところがあります。確率を計算するうえでは，複数の商品の魅力の合計を分母とします。そのため，「重み」や「人気」の値から直接，購入率曲線の特徴を説明することはできません。他の商品に関わる母数との兼ね合いで考える必要があります。

5.6.1 重み母数の解釈

確率を考えるとき，特に重み母数そのものを解釈するのは難しいため，簡単な例を用いて説明します。

図5-3左は，（重み，人気）がそれぞれ（−1，0），（1，0），（0，0）である，商品㋐㋑㋒の購入率曲線です。3商品は人気母数はすべて0ですが，重み母数が異なっています。

一番左側の曲線は，重み＝−1である商品㋐の購入率曲線です。重みが −1，すなわち負であるということは，魅力の値は，予測変数の値が大きくなるにしたがって小さくなります。ここでは確率も減少しています。

一番右側の曲線は，重み＝1である商品㋑の購入率曲線です。商品㋑の場合，重みがプラ

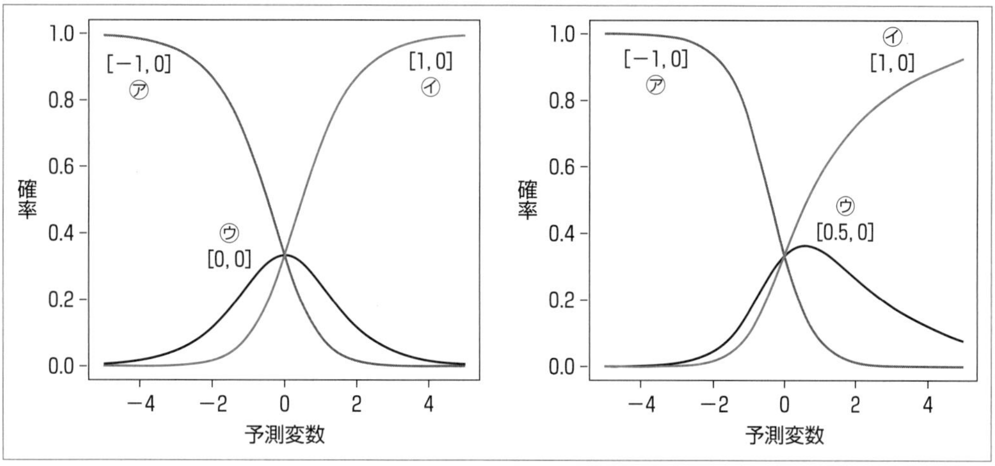

図5-3　重みを変化させた場合の曲線の変化

スなので，魅力の値は予測変数の増加にしたがって大きくなります。ここでは確率も増加しています。

真ん中の購入率曲線は，重み＝0である商品㋒の購入率曲線です。重みが0のときには，魅力の値は予測変数の値によって変化しません。

すると，確率は変化しないのかというと，そうはなりません。この場合には，予測変数の値が小さなところでは，商品㋐の魅力が非常に大きいので，商品㋒の相対的な魅力は下がり，購入率も小さくなります。反対に，予測変数が大きなところでは，商品㋑の魅力が非常に大きくなるため，商品㋒の相対的な魅力は下がり，購入率も下がります。予測変数が0付近では，3商品の魅力はすべて1になるため（予測変数が0のとき exp{重み×0＋人気}＝exp{人気}＝$2.718^0=1$），どの購入率も1/3になります。

このように，魅力の値は，あくまでも相対的な大きさが重要です。このことは，図5-3の左右を比較することで確認できます。図5-3の右は，（重み，人気）がそれぞれ（−1，0），（1，0），（0.5，0）のときの，商品㋐㋑㋒の購入率曲線です。先ほどの例と比べて，商品㋒の重み母数が0.5となっています。重み母数を変えたのは1カ所だけですが，3本の曲線すべての形が変わっています。

図5-3の右図において，まず注目すべきなのは，中央の商品㋒の曲線です。重み母数が0.5ですから，予測変数の値が大きくなるほど，その商品の魅力は高くなります。しかし，重み1の商品㋑があるため，予測変数の値が大きくなるにつれて，商品㋑との魅力の大きさの差はどんどん大きくなります。そのため，予測変数が0.5のあたり（正確には0.549）で購入率曲線のピークを迎えます。予測変数が大きくなるにつれ，商品㋒の魅力はどんどん高くなっていますが，商品㋑と比べたときの相対的な魅力が，どんどん小さくなっているからです。

つまり，重みが最も大きい商品の確率のみが常に上がり続け，その他の商品はどこかで確率が下がるということです。逆のことも言え，重みが最も小さい商品の確率のみが常に下がり続けることになります。

もう一つ注目すべきなのは，商品㋐と㋑の曲線の形が，左右の図で変化していることです。これも，購入率というのは，魅力の相対的な大きさで決まるために起こります。先述したように，右の図のほうが，予測変数の値がより大きなところで，商品㋒（真ん中の曲線）の曲線のピークがあります。逆に言えば，予測変数の値が小さなところでは，商品㋒の魅力も小さく確率も低くなっているわけです。すると，相対的に商品㋐（左の曲線）の魅力は高くなり，結果として商品㋐の購入率曲線は，左の図に比べて右の図のほうがより高くなっています。

商品㋑の購入率曲線も影響を受けていますが，もともと予測変数が小さいところでは商品㋑の魅力は小さいので，図からははっきりと影響を見て取ることができていません。一方，予測変数の値が大きなところでは，商品㋒の魅力が高くなったせいで，商品㋑の相対的な魅力が低くなり，購入率曲線も，右の図のほうが低くなっています。

このように多項ロジットモデルでは，母数が確率に与える影響は，単一の商品の母数だけを見ていてもわかりません。他の商品の母数の相対的な大きさで考える必要があります。

それを踏まえて，表5-3の各商品の重みの推定値と，図5-2の曲線を確認します。重みの推定値が最も大きい商品（商品B）の購入率曲線が，最も右側に配置され，右肩上がりになります。逆に，最も重みが小さい商品（商品A）の購入率曲線が，図中で最も左側に配置され，右肩下がりになります。

両脇の曲線に挟まれた商品（商品C，D，E）は，ピーク（頂点）を持つ曲線になります。そして，重み母数の大きい順に，ピークが右から並ぶことになります。3つの商品は，C，D，Eの順番で重み母数が大きいです。したがって，3つの購入率曲線のピークの位置が，右から商品C，D，Eと並んでいます。

5.6.2 人気母数の解釈

「高級志向度」が0のとき魅力$_j = e^{人気_j}$であり，このことから，人気母数は各商品の魅力の地力みたいなものだと説明しました。したがって，表5-3から，「高級志向度」が0のとき，「高級志向度」が0の消費者にとっては商品Aが最も好まれ，そのときの魅力は，魅力$_A = e^{人気_A} = 2.718^{0.911} = 2.487$であることがわかります。「高級志向度」が0の消費者にとって最も不人気の商品は商品Bであり，魅力$_B = e^{人気_B} = 2.718^{-3.007} = 0.049$となっています。

図5-2の高級志向度が0のところを見ると，上から商品A，C，E，D，Bの順番で購入率が高くなっています。この順番は，人気母数の値の大きさに対応しています。

「高級志向度」が0のところに興味がなく，平均的な「高級志向度」の人の商品の選好順に興味があるときは，あらかじめ高級志向度のデータを中心化して（各回答者の高級志向度から平均値で引くことです）おくとよいでしょう。実際の分析でもよくやる手法です。このようにすると，人気母数の大きい順番が，「高級志向度」が平均的な人にとっての商品の人気順と解釈することができます。

5.7 オッズ

前章での解説を参考に，多項ロジットモデルでもオッズを考えてみましょう。商品jのオッズは，商品jを買う確率と商品Jを買う確率の比，と定義します。したがって，［5-④］式と［5-⑤］式を利用して，以下のようになります。

$$オッズ_j = \frac{購入率_j}{購入率_J} = \frac{\dfrac{e^{重み_j \times 高級 + 人気_j}}{1 + \sum_{k=1}^{J-1} e^{重み_k \times 高級 + 人気_k}}}{\dfrac{1}{1 + \sum_{k=1}^{J-1} e^{重み_k \times 高級 + 人気_k}}} = e^{重み_j \times 高級 + 人気_j} = 魅力_j \quad [5\text{-}⑥]$$

購入率の比を考えると，上の式の一番右を見るどおり，商品jのオッズは，商品jの魅力と一致します（［5-③］式も確認してください）。また，魅力$_j$は続けて以下のように変形できます。

$$オッズ_j = 魅力_j = \frac{魅力_j}{1} = \frac{魅力_j}{魅力_J}$$

これは，最後の商品Jの魅力を1と定義しているからです。したがって，オッズ$_j$は，商品jと商品Jの魅力のうち，どちらが大きいかを比べていると言ってもよいです。

図5-4を見てください。もしも，オッズ$_j$が1よりも大きければ，商品jの魅力は，商品Jの魅力よりも大きいということです。逆に，オッズ$_j$が1よりも小さければ，商品jの魅力は，商品Jの魅力よりも小さいということです。また，オッズ$_j$がちょうど1だったときは，商品jの魅力は，商品Jの魅力とちょうど釣り合っていることになります。なお，最後の商品Jのオッズは，商品Jと商品Jの魅力の比ですから，オッズ$_J$＝魅力$_J$＝1です。

ここで，［5-③］式を確認すると，魅力＝exp(確定的効用）でした。つまり，多項ロジットモデルでは，exp(確定的効用）をオッズとして用いています。

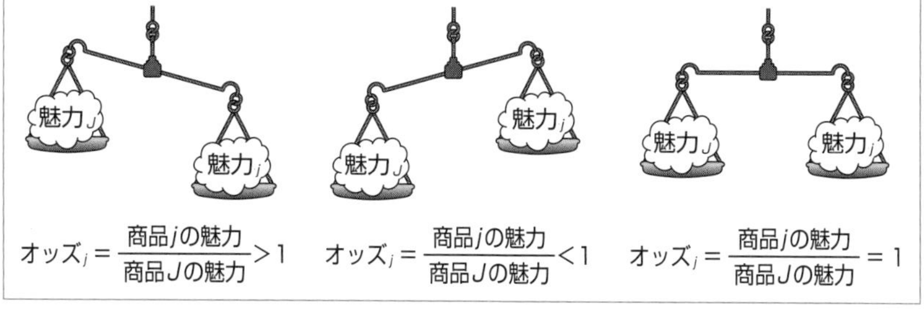

図5-4　商品jのオッズのイメージ

また，対数の定義$\log_a a^b = b$より，以下の式になります。

$$\log_e \text{オッズ} = \log_e \exp(\text{確定的効用}) = \text{確定的効用}$$

つまり，確定的効用は，オッズの自然対数と理解することができます。このオッズの対数をロジットと言います。2項ロジットモデルや多項ロジットモデルのロジットはここからきています。

5.8 オッズ比

多項ロジスティックモデルでもオッズ比を考えることができ，結果を解釈するうえで非常に重要です。ここでも，第4章と同じように，予測変数の値を1増やしたときのオッズ比に注目します。「高級志向度」を1大きくしたときの，商品jのオッズを考えてみましょう。すると［5-⑥］式より，以下となります。

$$\text{オッズ}_j{}^{+} = e^{\text{重み}_j \times (\text{高級}+1) + \text{人気}_j} = \text{魅力}_j{}^{+}$$

これは，高級志向度を1大きくしたときの商品jの魅力と言ってもよいです。本章では，ただ商品jのオッズ比と言った場合，オッズ$_j{}^{+}$とオッズ$_j$の比とします。したがって，以下となります。

$$\text{オッズ比}_j = \frac{\text{オッズ}_j{}^{+}}{\text{オッズ}_j} = \frac{\text{魅力}_j{}^{+}}{\text{魅力}_j} = \frac{e^{\text{重み}_j \times (\text{高級}+1) + \text{人気}_j}}{e^{\text{重み}_j \times \text{高級} + \text{人気}_j}} = \frac{e^{\text{重み}_j + \text{高級} + \text{人気}_j} \times e^{\text{重み}_j \times 1}}{e^{\text{重み}_j \times \text{高級} + \text{人気}_j}} = e^{\text{重み}_j}$$

商品jのオッズ比は，ロジスティック回帰分析と同じ形になりました。そして，ロジスティック回帰分析とよく似た解釈ができます。

ロジスティック回帰分析では，オッズ比が1より大きい場合，予測変数（「高級志向度」）の値が1大きくなれば，オッズ比の分だけ買いたい気持ちが強くなると説明しました。それと同じように，多項ロジットモデルでは，「高級志向度」の値が1大きくなると，オッズ比の分だけ魅力の値が増えることになります。逆に，オッズ比が1より小さいのであれば，「高級志向度」の値が1大きくなったときに，オッズ比の分だけ魅力の値が小さくなり，オッズ比が1であれば，「高級志向度」が増えても魅力の値は変わりません。この関係を表しているのが図5-5です。

なお，商品Jについては，魅力$_J$は自分同士の魅力の比で一定ですから，以下の式となり，高

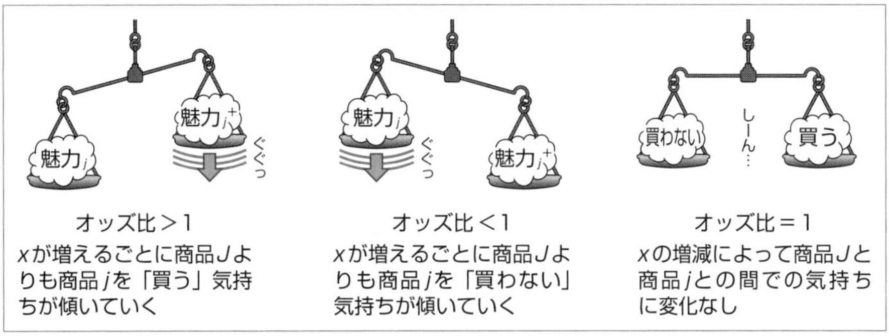

図5-5　商品jとJのオッズ比のイメージ

級志向度が1大きくなっても魅力は1のままです。

$$\text{オッズ}_j{}^+ = \text{魅力}_j{}^+ = e^{0\times(\text{高級}+1)+0} = e^0 = 1$$

もちろん，オッズ比も以下となり，1のままです。

$$\text{オッズ比}_j = \frac{\text{オッズ}_j{}^+}{\text{オッズ}_j} = \frac{\text{魅力}_j{}^+}{\text{魅力}_j} = \frac{1}{1} = 1$$

次に，オッズ比$_j = e^{\text{重み}_j}$について，もう少し詳しく解説しておきます。$e^{\text{重み}_j}$について，重み$_j$ >0ならば$e^{\text{重み}_j}>1$，重み$_j<0$ならば$e^{\text{重み}_j}<1$，重み$_j=0$ならば$e^{\text{重み}_j}=1$です。したがって，重み$_j$が正の値ならばオッズ比は1より大きい，負の値ならばオッズ比は1未満，0ならばオッズ比は1となります。

つまり，重みが正（オッズ比が1より大きい）である商品は，予測変数（「高級志向度」）が大きくなるほど，魅力が高まっていきます。ただし，より重みが大きい商品（よりオッズ比が大きい商品）との相対的な魅力の大きさに敗れて，購入率は小さくなることもありえます。魅力が大きくなるからといって（オッズ比が1より大きいからといって），いつでも購入率も上がるとは限らないということです。

逆に，重みが負である（オッズ比が1より小さい）商品は，予測変数が大きくなるほど魅力が低まっていきます。ただし，より重み（オッズ比）が小さい商品があれば，相対的に魅力が大きくなるので，購入率が大きくなることもあります。

重みが0（オッズ比が1）である商品は，予測変数によって魅力の大きさを変えない商品です。予測変数がどんな値でも，魅力は1で一定です。オッズ比も1で一定です。商品Jも，基準として重みは0に設定しています。しかし，他の商品の魅力の相対的な大きさにより，購入率曲線は増減します。以上が**重み母数**の正確な定義です。

多項ロジットモデルは，第4章とよく似ていますが，2つのモデルでは異なる点もあります。ロジスティック回帰分析では，「買いたい気持ち／買いたくない気持ち」の比で，オッズを考えていました。そのため，得られるオッズ比は，予測変数の値が1大きくなると，どれくらい「買いたい気持ち」が強くなるかを表すものと言えます。

一方，多項ロジットモデルでは，「商品jの魅力/商品Jの魅力」でオッズを考えています。ということは，得られるオッズ比はあくまでも，予測変数の値が1大きくなった場合に，「商品Jと比べたときの商品jを買いたい気持ち」が，どれくらい強くなっていくのかを表しているということになります。

商品Aは24インチのノーブランド24,800円，商品Eは19インチの丁社製39,800円で，どちらも一人暮らしの人をメインターゲットとした格安商品でした。この2つの商品は，図5-2からもわかるように，「高級志向度」が高い消費者には好まれません。しかし，どちらも同じように評価が下がるわけではありません。

表5-3を見てください。「exp（重み）」という出力が出ています。これがオッズ比です。商品Aのオッズ比は0.886となっています。したがって，「高級志向度」が1大きくなると，商品Aを選択する確率と商品Eを選択する確率との比が，0.886倍になります。比は1より小さいので，商品AとEとの比較ではAを選択する人が減るわけですから，高級志向度が上がると商品AよりもEを好む傾向が強くなる，ということがわかります。

一方，商品Cは40インチ乙社製145,800円で，これは家庭用の中～上位モデルということになります。この商品は，図5-2からも，ある程度「高級志向度」が高い消費者に好まれています。

この商品Cのオッズ比は1.113です。したがって，「高級志向度」が1大きくなると，商品Cを選択する確率と商品Eを選択する確率との比が，1.113倍になります。比は1より大きいので，商品CとEとの比較では，Cを選択する人が増加するわけですから，「高級志向度」が上がると，商品EよりもCを好む傾向が強くなるということがわかります。

商品Cの購入率は，「高級志向度」10をピークに減少します。しかし，商品Eとの比較で考えると，高級志向度が上がれば上がるほど，EよりもCを好む人が増えていくと言えます。

このように，オッズ比の解釈は，基準となる商品との比較となります。そのため，比較の基準としたい商品が明確なときに，特に有用です。たとえば，すでに市場に出ている商品と比較して，複数の新たな商品案がどの程度評価されるかを考えたいときには，既存商品を基準（ここで言う商品E）に設定して検討するのはよい方法です。

5.9 オッズ比の信頼区間

再び表5-3を見てください。先述したように，商品Aのオッズ比は0.886でした。したがって，「高級志向度」が大きくなると，（商品Eと比べて）商品Aを買いたい気持ちが弱くなります。

このとき，表5-3にもあるように，オッズ比の**95%信頼区間**も，しっかり確認してください。

商品Aのオッズ比は0.886で，95%信頼区間は［0.781，1.007］のように，1.0を区間内に含んでいます。これは，母集団における真のオッズ比が1.0である可能性を示しています。したがって，オッズ比が0.886だったのは，このデータだけの性質であって，もう一度調査をしたら，今度はオッズ比が1.0以上になることが十分ありえます。

言い換えれば，今回の調査では，「高級志向度」が高いほど，AよりもEを好む傾向が見られましたが，もう一度同じ調査を行ったら，「高級志向度」が高くなってもAとEとでどちらがより好まれるかは変わらない，あるいはAのほうがより好まれる可能性もあるということです。

このことは，オッズ比が1を上回っているときも同様です。商品B，C，Dのオッズ比は1.0を超えています。しかし，商品CとDのオッズ比の信頼区間が1.0を含んでいます。同様な調査を行ったときに，今度はオッズ比が1.0を下回ることがありえます。「高級志向度」が高まると，商品Eよりも，商品CやDを好む割合が高まると判断するのは早計です。

商品Bは，55インチ甲社製199,800円ということで，今回の案のなかで最も高級な商品でした。この商品は，図5-2からも，最も高級志向度が高い所で好まれている商品であることがわかります。そして，そのオッズ比の値も最も大きい1.401であり，信頼区間は1.0を含んでいません。母集団においても，真のオッズ比が1.0より大きいと信じることができます。

したがって，「高級志向度」が高くなるにつれて，商品Eよりも商品Bを選ぶ割合は，確実に高まっていくと言ってよいでしょう。繰り返し同じような調査を行っても，毎回同様の結果が期待されます。

このように，必ずオッズ比は，95%信頼区間を確認するように心がけてください。なお，オッズ比の95%信頼区間で1を含まない重みは，p値が5%水準で有意になっている，という関係があります。したがって，重みが有意になっているもののみ，オッズ比を検討するという解釈の進め方でもよいです。

5.10 多重多項ロジットモデル──予測変数が複数のとき

重回帰分析や多重ロジスティック回帰分析と同じように，予測変数が複数のときにも，多項ロジットモデルは用いることができます。ここでは4.5節と同じように，「高級志向度」と「基本性能重視度」から，選択する商品にどのような違いが出るか考えます。

予測変数が2つのときには，［5-③］式で表現していた商品Aの魅力を，以下のように書き換えます。

$$
\begin{aligned}
\text{魅力}_{A} &= \exp\{\text{高級重み}_{A} \times \text{高級} + \text{基本重み}_{A} \times \text{基本} + \text{人気}_{A}\} \\
&= 2.718^{\text{高級重み}_{A} \times \text{高級} + \text{基本重み}_{A} \times \text{基本} + \text{人気}_{A}}
\end{aligned}
$$

つまり，基本性能重視度に関する項が付け加わっただけの違いです。商品B～Dについても同様です。基準となる商品Eの母数は，すべて0です。したがって，商品Eの魅力は以下となります。

$$魅力_A = \exp\{0 \times 高級 + 0 \times 基本 + 0\} = 2.718^0 = 1$$

このモデルに基づいて分析したところ，結果は表5-5のとおりとなりました。重みの解釈の仕方は，予測変数が1つのときとほぼ同様です。やはり，推定値の大きさの順序が大事です。高級重みの推定値の順序は，大きい順に商品B，C，D，E，Aとなっています。これは，「基本性能重視度」が一定のときに5つの購入率曲線を描くと，右から順番に商品B，C，D，E，Aの順番で曲線が並ぶということです。

表5-5　多重多項ロジットモデルの分析結果（商品Eを基準）

	推定値	標準誤差	p	exp（重み）	exp（重み）の95％信頼区間	
					下限	上限
高級重み$_A$	−0.095	0.067	0.153	0.909	0.797	1.036
高級重み$_B$	0.339	0.073	0.000	1.403	1.216	1.618
高級重み$_C$	0.094	0.056	0.096	1.098	0.984	1.226
高級重み$_D$	0.068	0.094	0.468	1.070	0.891	1.286
高級重み$_E$	0.000					
基本重み$_A$	−0.120	0.063	0.057	0.887	0.784	1.004
基本重み$_B$	−0.010	0.074	0.892	0.990	0.856	1.145
基本重み$_C$	0.047	0.057	0.410	1.048	0.937	1.173
基本重み$_D$	−0.224	0.083	0.006	0.799	0.680	0.940
基本重み$_E$	0.000					
人気$_A$	2.203	0.839	0.009			
人気$_B$	−2.886	1.001	0.004			
人気$_C$	−0.451	0.779	0.563			
人気$_D$	1.237	1.058	0.242			
人気$_E$	0.000					

5.10.1 母数の推定値の解釈

図5-6を見てください。図中の実線は，「基本性能重視度」を12点で固定したときの，5商品の購入率曲線を表しています。見てわかるとおり，右から商品B，C，D，E，Aの順番で並んでいます。また，破線は，「基本性能重視度」を6点で固定したときの，5商品の購入率曲線ですが，やはり右から商品B，C，D，E，Aの順番で並んでいます。

「基本性能重視度」の重みも，同じように解釈します。基本重みの推定値の順番は，大きい順に商品C，B，E，A，Dとなっています。これは，高級志向度をどこかの点で固定したとき，横軸を「基本性能重視度」にとった5商品の購入率曲線を描くと，右から順番に商品C，E，B，

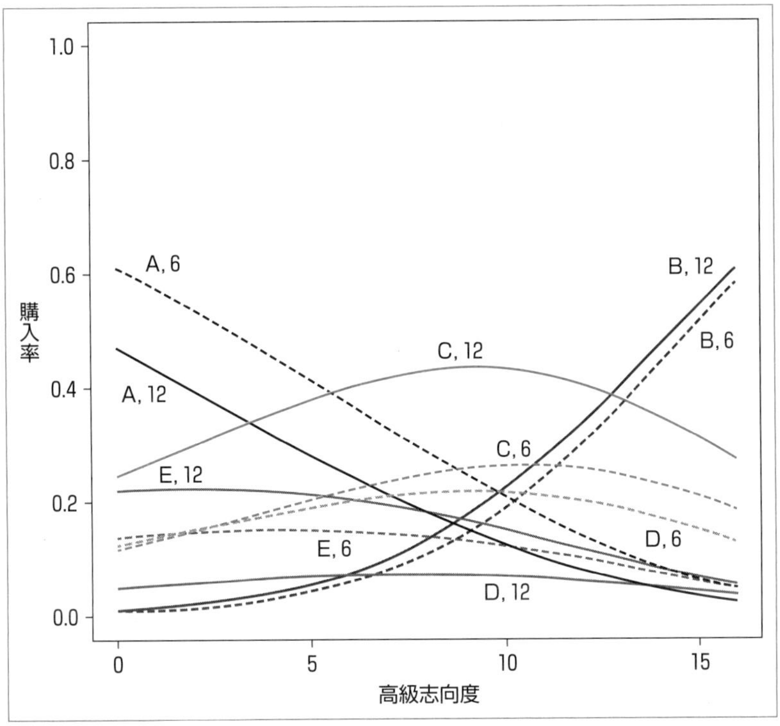

図5-6　購入率の予測曲線（実線が基本性能重視度＝12の場合，破線が基本性能重視度＝6の場合）

A, Dが並びます。基本性能重視度が何点であっても，この順番は変わりません。

このように，ある予測変数の重み係数を解釈するときは，それ以外のすべての予測変数を固定したとき，という条件付きの言い方になるので，注意するようにしてください。このような言い方は，重回帰分析（第3巻5章）や，多重ロジスティック回帰分析（本書第4章）でもそうであったように，予測変数が複数あるときに共通しています。

また，人気母数の解釈も，やはり母数の大きさの順序が重要です。人気母数の推定値は，大きい順に商品A, D, E, C, Bとなっています。したがって，「高級志向度」と「基本性能重視度」がともに0のとき（「高級志向度」と「基本性能重視度」が0点の消費者にとって），商品の魅力の順番がA, D, E, C, Bであるということです。

ただし，前述したように，「高級志向度」と「基本性能重視度」について中心化しておけば，「高級志向度」と「基本性能重視度」がともに平均的な消費者にとっての商品の魅力の順番と解釈することができ，実際の分析ではこのようにすることも多いです。「高級志向度」と「基本性能重視度」がともに0である消費者は実在しないので，そこでの人気順序にあまり興味がないためです。やはり，平均的な消費者がどのような商品を嗜好するのかに一番の興味があることが多いです。

5.10.2 オッズ比の解釈

表5-7のうち，「exp（重み）」とある出力は，オッズ比です。オッズ比についても，母数の解釈と同じように，残りの変数を固定したときの魅力の変化率ということになります。

たとえば，商品Bの「高級志向度」のオッズ比は1.403となっています。また，検定結果も有意であり，95％信頼区間に1.0を含んでいません。これは，「基本性能重視度」を固定したとき，高級志向度を1大きくすると，商品Bの魅力が1.403倍になるということです。魅力は商品Bと商品Eの購入率の比ですから，Eよりも，よりBが選ばれやすくなるということです。

また，商品Dの「基本性能重視度」のオッズ比は0.799でした。また，5％水準で有意であるので，信頼区間に1.0を含んでいません。これは，「高級志向度」を固定したとき，「高級志向度」を1大きくすると，（商品Eと比べた）商品Dの魅力が80％となり，約2割減になるということです。つまり，「高級志向度」が大きくなるほどに，魅力がなくなっていく商品であると言えます。

5.11 適合度とモデル選択

実際の分析場面では，5.5節で説明した予測変数が「高級志向度」のみのモデルと，前節で説明した「高級志向度」と「基本性能重視度」の両方を用いたモデル，それに加えて「基本性能重視度」のみのモデルの3つでは，どれが最もよいモデルなのかという問題が出てきます。前章のロジスティック回帰分析であれば，**傾き係数**が有意になっていなければ，その係数がかかっている予測変数は，推定に意味がない可能性があるなどの検討ができました。

しかし，多項ロジットモデルでは，重み係数の推定値と検定結果は，どの商品（選択肢）の魅力を1に固定するかによって異なってきます。今までは商品Eの魅力を1に固定していましたが，ソフトウェアによっては，どの商品の魅力を1に固定するかを選ぶことができます。すると，魅力を固定された商品の重み母数と位置母数は0となります。他の商品は，固定された商品よりも魅力があるかないかで，重み母数と人気母数が推定されます。したがって，どの商品の魅力を固定するかによって，いちいち重み母数と人気母数の推定結果と検定結果が変わってくるのです(＊11)。

したがって，どの商品を基準に設定したのかについて，分析者は認識しておく必要があります。基準商品を設定できるのであれば，5.8節でも述べたとおり，既存の商品と新しい商品案との比較を行いたい場合などには，既存の商品を基準と設定するのはよい方法です。

いずれにせよ，多項ロジットモデルでは，母数の検定結果からモデルの善し悪しを検討することはできません。こういった場合には，**AIC（赤池情報量基準）**などの，情報量を用いて検

＊11　ただし，どの商品の魅力を固定したとしても，同じ予測変数の値のときの，それぞれの商品の選択確率は変化しません。

討するのがひとつの方法です。3つのモデルそれぞれについてAICを求めると，表5-6の上側のとおりとなりました。

表5-6　3つのモデルのAICとBIC

	高級志向度	基本性能重視度	両方利用
AIC	1078.36	1101.63	1067.80
BIC	1109.96	1133.24	1115.21

AICは，値が小さいほどモデルの当てはまりがよいとみなします。したがって，「基本性能重視度」を単独で利用するよりは「高級志向度」を単独で利用したほうが当てはまりがよく，またそれらよりも，2つの予測変数を両方利用したほうが，いっそう当てはまりはよくなるということが確認できます。

ただし，AICは，多くの変数を用いた複雑なモデルを，より良く評価しがちであるという特徴があります。それを補正したのが表5-6の下側にあるBIC（ベイズ情報量基準）です。こちらで見ると，高級志向度のみを用いたほうがわずかによいという結果になっています。

AICとBICについては，本シリーズ第6巻『パーソナリティ心理学のための統計学』の3章と，第7巻『発達心理学のための統計学』の3章に詳しく解説しています。興味のある読者は参考にしてください。

これらを総合すると，「高級志向度」のみを用いたモデルと両方利用したモデルではほとんど優劣がないので，分析依頼者のニーズや状況に合わせて柔軟に選択するとよいでしょう。

Quiz

理解できたか
チェック
してみよう！

問1：4つの商品があり，それぞれの魅力がA：5，B：6，C：10，D：8だとします。このとき，商品Dの魅力を1に固定したうえで，商品Aの選択確率を求めてください。

問2：伴走サイト掲載のデータは，本文中で個々の商品の購入確率計算のために用いられたものです。このデータを用い，ソフトウェアを使って，基本性能重視度を予測変数として，多項ロジットモデルの推定を行ってください。また，得られた母数を用いて，各商品の購入確率を図5-2のような形で図示してください。

問3：ソフトウェアを使って，問2で求めた結果から，基本性能重視度が10のときと11のときの商品Aの購入確率，オッズを求めてください。また，それら値からオッズ比を求め，オッズ比の定義式に従って計算した結果と一致していることを確認してください。

問4：ソフトウェアを使って，伴走サイトのデータを用い，予測変数を高級志向度と，使用者（個人用か共用か）として多項ロジットモデルの推定を行ってください。

問5：ソフトウェアを使って，問4で推定した結果を用い，共用かつ高級志向度10のときの各テレビの購入確率を求めてください。また，共用の際と個人用の際では，それぞれのテレビの好まれ方がどのように変わるのか，結果を解釈してください。

第6章 一緒に買う可能性の高いのは何か ── アソシエーション分析

商品に対する興味は，人によって異なります。たとえば，大型テレビが欲しい人にとっては，大きなテレビ台も興味の対象になりますが，それは小型テレビが必要な人にとっては必要のないものです。つまり，ある商品を買ったことや，興味を持ったことは，他の商品を買うか否かの情報になりうるということです。本章では，こういった商品と商品との関係性を分析するための，アソシエーション分析について取り上げます。

商品を購入する際，人は必ずしも1つだけの商品に興味を持ったり，実際に購入したりするわけではありません。表6-1の機種A～Eは，テレビを買おうとしているときに，その商品を勧められたら買うか否かを示したデータの一部です。なお，ここで出てくる機種A～Eは，これまでの章で出てきたものと同じです。また，一番右の「1機種」は，このなかからどれか1つ選択するとき，どれを買うかを選んだものです。

表6-1 商品購入の意向

機種A	機種B	機種C	機種D	機種E	1機種
する	しない	しない	する	しない	機種A
する	しない	する	しない	する	機種C
する	する	する	しない	しない	機種C
しない	しない	しない	しない	する	機種E
する	する	する	しない	する	機種E
する	しない	する	しない	する	機種E
する	しない	しない	する	しない	機種A
しない	しない	する	しない	する	機種E
しない	する	する	しない	する	機種C
しない	しない	する	しない	する	機種C
⋮	⋮	⋮	⋮	⋮	⋮
24.2%	26.0%	50.8%	13.8%	27.3%	

1行は1人のデータを意味していますので，機種A～Eについて，複数の機種に「購入する」を選択している人がいることがわかります。つまり，「5機種のなかから1つを選べ」と言われた場合に選択する機種以外に，購入するかもしれないと興味を持った機種が複数存在することがわかります。

本章前半では，このデータの「1機種」以外の変数を用い，「ある機種を購入する」という回答をその機種への興味とみなし，その機種に興味を持ったという情報から，別の機種に対する興味の有無がわかるのかについて考えます。たとえば，機種Aに興味を持つ人は，機種Cに興味を持つのかどうかということです。

6.1 さまざまな確率の復習

表6-1の左側，機種A～Eのデータが与えられたとき，あなたが店員であったら，「購入する」と答えた人の一番多い商品を客に勧めるのではないでしょうか。そうすれば，買ってもらえる可能性は一番高いことは間違いなさそうです。

表6-1の最終行は，それぞれの商品に「購入する」と答えた人の割合です。全体384人中，機種Cを購入すると答えた人は195人いました。つまり，195/384＝0.508であり，機種Cを勧められたら購入する意志を持つ人が50.8%，全体の半分以上いるわけですから，商品Cをまず勧めるのが自然です。これをP(C)＝0.508と表記します。

また，このイメージをベン図(＊12)で表すと図6-1のとおりです。図6-1で，灰色に塗りつぶされているのが全体の384人で分母になり，青く塗りつぶされている部分が，機種Cを選択した195人を指す分子になり，全体では50.8%ということになります。式で表すと以下のとおりです。

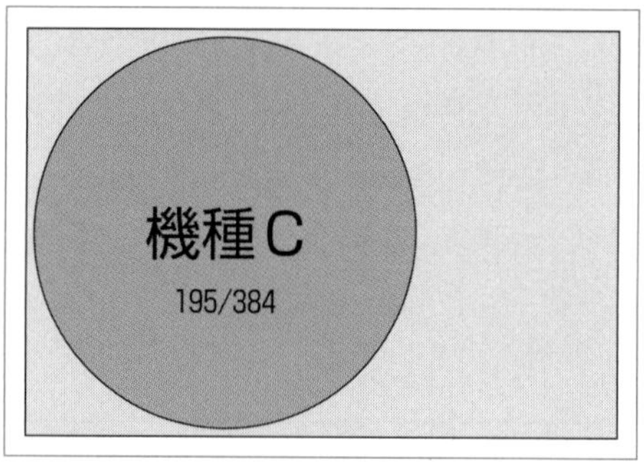

図6-1　確率のイメージ

$$\text{点}P(C) = \frac{\text{Cに興味を持った人数}}{\text{全体の人数}} = \frac{195}{384} = 0.508$$

ただ，商品Cを勧めて興味を持ってもらえたが，実際には買ってもらえないということもあります。その場合，今度はどの機種を勧めればいいでしょうか。機種BとEはそれぞれP(B)＝0.260，P(E)＝0.273であり，わずかにEのほうが確率は高いですが，僅差でほとんど変わりません。また，機種AもP(A)＝0.242であり，これまた微差です。

ここで，商品Cを勧めて興味を持ってもらえた，という情報を使うことを考えましょう。全体では384人いましたが，商品Cに興味を持った人は195人です。その195人のうちA, B, D, E

＊12　ベン図とは，集合同士の関係を，円と円同士の重なりを用いて視覚的に表す図のことを指します。ある集合を表す円があったとき，その円の中がその集合に該当することを指し，円同士を重ねることで，その重なった部分で複数の集合に該当することを示します。

に興味を持った人は，それぞれ38人，50人，28人，83人でした。商品CとEの両方に興味を持った人は83人なので，全体385人のうち両方に興味を持つ確率は21.6％です。これは，「Cに興味を持つという事象」と「Eに興味を持つという事象」の両方が発生する，高校数学の言葉で言えば**積事象の確率**であり，P(C∩E)＝0.216と表記し，**同時確率**と呼びます。この同時確率のイメージは図6-2のとおりです。灰色に塗りつぶされている部分が式中の分母となり，青く塗りつぶされている部分が，分子となる点は図6-1と同じです。

$$P(C \cap E) = \frac{\text{CとEの両方に興味を持った人数}}{\text{全体の人数}} = \frac{C \cap E}{N} = \frac{83}{384} = 0.216$$

一方,「機種Cに興味を持った人のなかで機種Eに興味を持つ人の確率」と考えると, 先ほどと分母が変わって83/195＝0.426となり，42.6％の確率で興味を持ってもらえると言えます。このことは，機種Cに興味を持った人に限定したとき，機種Eに興味を持ってもらえるという可能性が，P(E)＝27.3％から42.6％へと上がっていることを示しています。機種CとEは，価格やサイズなど大きく違いますが，録画機能が充実しているという共通点があり，その点で好む消費者が一致したのかもしれません。

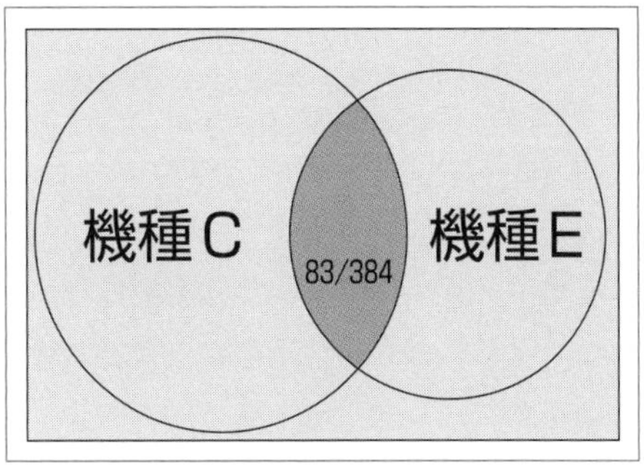

図6-2　同時確率のイメージ

こういった，ある条件の下での確率を**条件付き確率**と呼び，この場合P(E|C)＝0.426と表記します。高校の数学の授業では，このような場合$P_C(E)$＝0.426と表記すると習ったかもしれません。この表記ももちろん正解ですが，実際のデータ分析では，条件が2つ以上になることも珍しくありません。こういった場合にも見やすく，論文等でもこう記載することが多いため，本章ではのように表記します(＊13)。この条件付き確率のイメージは，図6-3になります。図6-2と比較して，分母となる灰色に塗りつぶされている部分の違いに，注目してください。

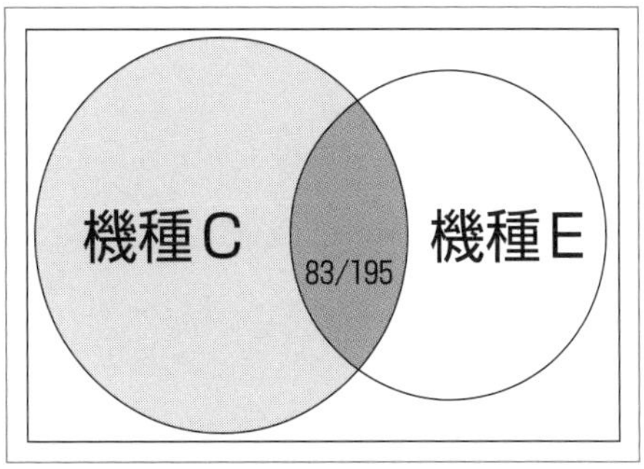

図6-3　条件付き確率のイメージ

＊13　読み方は，「Cが与えられられたときのEの確率」ですが，長いので“PカッコE given C”などと読む場合がほとんどです。

$$P(E|C) = \frac{\text{CとEの両方に興味を持った人数}}{\text{Cに興味を持った人数}} = \frac{83}{195} = 0.426$$

なお，この条件付き確率は，分母と分子を全体の人数で割ることで，以下のように変形できます。

$$\begin{aligned} P(E|C) &= \frac{\text{CとEの両方に興味を持った人数}}{\text{Cに興味を持った人数}} \\ &= \frac{\text{CとEの両方に興味を持った人数/全体の人数}}{\text{Cに興味を持った人数/全体の人数}} \\ &= \frac{P(C \cap E)}{P(C)} \end{aligned}$$

つまり，条件付き確率は，2つの事象が同時に起こる確率$P(C \cap E)$を，条件となる事象が起こる確率$P(C)$で割ることで求められるということです。実際に条件付き確率の計算を行う際には，変形後の式を使うのが一般的です。

機種Eと同様に，機種A, B, Dについても条件付き確率を計算すると，$P(A|C) = 0.195$，$P(B|C) = 0.256$，$P(D|C) = 0.144$です。機種Cに興味を持つという情報が与えられた場合，機種E以外においては，その機種を好む確率が下がるか変わらないことが確認できます。たとえば，機種Aにそもそも興味を持っていた人は，表6-1より$P(A) = 0.242$でした。$P(A|C) = 0.195$より，機種Cに興味を持つ人に限定すると，かえって機種Aの興味を持つ人が少なくなります。これは，機種AとCを好む人が別の集団だからです。

この条件付き確率を使えば，機種Cに興味を示した人には，機種A, B, D, EのなかではEに興味を示す可能性が高いから，次にEを勧めてみよう，というような判断をすることができるのです。アソシエーション分析の基本となるのは，この条件付き確率です。

ここまでは高校の数学の復習となりますが，一点異なる部分があります。高校数学で出てきた条件付き確率では，条件（商品Cに興味を持つ）や，確率計算の対象（商品Eに興味を持つ）は1つだけでしたが，実際には，どちらも複数個存在することはあり得ます。たとえば，「機種Bと機種Eに興味を持った人のうち，機種Cに興味を示す確率」も考えられます。このとき，条件付き確率は，先ほどと同様に以下のようになります。

$$P(C \mid B, E) = \frac{\text{BとCとEのすべてに興味を持った人数}}{\text{BとEに興味を持った人数}}$$
$$= \frac{\text{BとCとEのすべてに興味を持った人数/全体の人数}}{\text{BとEに興味を持った人数/全体の人数}}$$
$$= \frac{P(B \cap C \cap E)}{P(B \cap E)} = 0.89$$

この条件付き確率は89.3％ということで，BとEに興味を持った場合に，Cにも興味を持つ可能性はかなり高いことがわかります。

6.2 アソシエーション分析の用語と表記法

前節での計算を通して，「機種Cに興味を示す人は，機種Eにも興味を示す可能性が高い」というルールを見つけることができました。大量の商品のなかで，こういったルールをいくつも見つけておけば，消費者に商品を勧めたいときに有用です。

アソシエーション分析では，一般的な統計学や心理学などで用いられるものと異なる，独特な用語を使う場合が多いです。そこで，本章で用いる用語，表記方法をあらかじめ整理しておきます。

上記のような，「AであるならばBが発生する可能性が高い」というルールを，**連関規則**もしくは**連関ルール**，**相関規則**もしくは**相関ルール**，または英語そのままに**アソシエーションルール**（**association rule**）と呼びます。日本語訳としては「相関ルール」が用いられる場合が多いようで，この訳も覚えておいたほうがよいですが，ここで出てくる相関は統計学的な意味での相関（correlation）とは異なるものですので，混同するリスクを考えると，実際に使う場合には「相関」という言葉は避けるほうが望ましいでしょう。

本章では「連関ルール」もしくは単に「ルール」と呼びます。先ほどから説明している「機種Cに興味を示す人は，機種Eにも興味を示す可能性が高い」というルールは，以下のように表記します。

$$\{\text{機種C}\} \Rightarrow \{\text{機種E}\}$$

矢印の左側，{機種C} は**ルールヘッド**や**条件部**，また，表記上左に来ることから**LHS**（**left hand side**）と呼びます。一方，矢印の右側の {機種E} は，ルールヘッドに対応して**ルールボディ**，条件部に対応して**結論部**，LHSに対応して**RHS**（**right hand side**）と呼びます。本章では，分析する際，ソフトウェア上で使われるケースが多いという理由から，LHSとRHSという表記を使うことにします。

なお，アソシエーション分析においては，データのことは一般的に**トランザクション**（**transaction：取引**）と呼びます。これは，アソシエーション分析が，主に商品を同時に購入する確率などの分析に使われているためです。たとえば，表6-1の1行目から，1人目の消費者の興味は｛機種A，機種D｝です。これを1つのトランザクションと呼び，このようなトランザクションが集まってできた全体を，**トランザクション・データ**と呼びます。

6.3 アソシエーション分析に用いる指標

アソシエーション分析では，トランザクションからルールを見つけ出し，そのルールの善し悪しを検討します。ルールの意味と良さを確認するために，いくつかの例を出します。

先述したように，ルールというのは，ある条件（LHS）に当てはまると別の何か（RHS）に該当する可能性が高い，というような関係性です。つまり，条件付き確率が高いことは，良いルールの条件と言えます。これをアソシエーション分析では，**信頼度**あるいは**確信度**（**confidence**）と呼びます。条件が成り立っている場合に，予想していた結果が得られる可能性が高いという意味で，ルールがどれくらい信頼できるのかを示しているので，信頼度と呼ばれるわけです。これが，良いルールの第1条件です。

この信頼度が高いルールを探すと，以下のようルールを見つけることができました。

｛機種A，機種B，機種D，機種E｝⇒｛機種C｝

$$P(C \mid A, B, D, E) = 1.000$$

機種A, B, D, Eに興味を持つ人はCにも興味を持つというルールで，A, B, D, Eに興味を持った人がCにも興味を持つ確率は100％，つまり，A, B, D, Eに興味を持った全員がCにも興味を持っているということになります。

このルールは一見，非常に価値の高いものに見えます。しかし，A, B, D, Eのすべてに興味を持つ人（そしてCにも興味を持ち，提示した5機種すべて興味があると回答した人）は，全体384名中8名しかいませんでした。5つの商品について購入したいか否かの質問をしているので，回答のパターンは32通りしかないにもかかわらず，わずか8人，つまり全体の2.1％の人しか該当しないルールというのは，いくら信頼できるものだったとしても，使える場面が少な過ぎるのが問題になります。

この例から，良いルールであるためには，そのルールを使える場面がある程度多い必要があります。6.1節で出てきた**同時確率**$P(C \cap E) = 0.216$は，｛機種C｝⇒｛機種E｝というルールに合致し，機種Cに興味を持ち，かつ機種Eにも興味を持った人が21.6％いるということを示しています。この値が高ければ，実際にこのルールを目の前の客に適用することが，正解である

（その客が買ってくれる）可能性が高いことになりますので，同時確率もまた，ルールの良さを測る指標になることがわかります。これをアソシエーション分析では，**支持度（support）**あるいはそのまま**サポート**と呼びます。

信頼度とサポートが同時に高いルールを探してみると，以下のようなルールを見つけることができました。

$$\{機種B\} \Rightarrow \{機種C\}$$

このルールの信頼度はP(C|B) = 0.500（50.0%）で，サポートもP(B∩C) = 0.130（13.0%）ということで，そこそこ使える場面も多く，また信頼もできそうなルールに見えます。

しかし，ここで，そもそも機種Cに興味を持つ確率を思い出してみましょう。表6-1にもあるとおり50.8%でした。つまり，何も条件がない状態で50.8%の確率で買ってくれると予想できたのですが，機種Bに興味を持ったという条件が与えられたことによって，機種Cに興味を持つ確率はむしろ下がってしまっている（50.8%→50.0%）ことになります。いくら信頼でき，また使える場面が多いとしても，ルールを適用することにより，むしろ買ってもらえる確率が下がってしまうルールであれば，あってもあまり意味がないということになってしまいます。

逆に，最初から繰り返し出てきているルール｛機種C｝⇒｛機種E｝では，何も条件がない場合には，機種Eに興味を持つ確率が27.3%（$P(E) = 0.273$）だったのに，機種Cに興味を持ったという条件が与えられた後には，機種Eに興味を持つ確率が42.6%と大きく上がりました（$P(E|C) = 0.426$）。このように，そのルールを適用することにより，買ってもらえるという信頼度を上げることができるのであれば，それはより良いルールと考えられます。

よって，アソシエーション分析では，ルールを適用したことによって，条件付き確率がどの程度変化したかにも注目します。この変化の大きさを**リフト（lift）**と呼び，ルール｛機種C｝⇒｛機種E｝のリフトは以下のような式になります。

$$\begin{aligned}&\mathrm{lift}(\{機種C\} \Rightarrow \{機種E\})\\&= \frac{機種Cに興味を持つ人が機種Eにも興味を持つ確率}{条件なく機種Eに興味を持つ確率}\\&= \frac{P(E|C)}{P(E)} = \frac{0.426}{0.273} = 1.557\end{aligned}$$

条件付き確率で条件がないときの確率を割っているので，この値が1であるならば，条件があってもなくても確率に変化はないということになり，1を超えれば，条件が与えられたことで確率が上がったことになります。上のルールは1をかなり超えており，リフトの観点からも望ましいルールです。この結果は，$P(E|C)$ が$P(E)$ より1.557倍大きいということを示してい

るので，機種Cに興味を持つことは，機種Eに興味を持つことを引き上げている（リフトしている）と言えます。

逆に，1を下回れば，条件によって確率が下がってしまったということです。{機種B} ⇒ {機種C} のリフトを計算してみると，lift({機種B} ⇒ {機種C}) = 0.500/0.508 = 0.985となり，1を下回っており，機種Bへの興味が機種Cへの興味を引き上げていません。

リフトを見て，1をある程度超えているルールであれば，より望ましいルールと考えられるわけです。まとめると，連関ルールを評価する重要な指標は以下の3つになります。

(1) **信頼度** ── ルールによって，どの程度正確に予測できるか。
(2) **サポート** ── ルールに当てはまる場面は，どれくらい多いか。
(3) **リフト** ── ルールによって，予測精度はどれだけ上がるか。

この3つの指標を確認しながら，より望ましいルールを探っていくことになります。

6.4 アプリオリアルゴリズム

ルールの定義と良いルールの評価方法が決まりましたので，これらを用いてトランザクション・データから実際にルールを抽出します。ここではその手順（アルゴリズム）について，最もよく知られている**アプリオリ（Apriori）アルゴリズム**の，基本的な考え方を説明します。

前節の説明で，ルールの良さの指標（信頼度，サポート，リフト）がわかったので，あとはすべてのありうるルールについて，3つの評価指標の値を計算すればよいと考えるかもしれません。しかし，実際のところそれは現実的ではありません。ここでは5つの商品それぞれについて，興味を持つか否かのデータからルールを作成していました。この場合，RHSになりうるのは機種A～Eの5通りです(*14)。LHSはRHSに入ったもの以外の4機種について，それぞれ興味を持つか否かの組み合わせになりますので，$2^4 = 16$通りです。よって，$5 \times 16 = 80$通りのルール候補が存在していることになります。

この80通りについて3つの指標をそれぞれ計算するのは，コンピュータを用いれば簡単なことです。実際に手元のコンピュータで80通りのルール候補についてすべて計算してみましたが，計算時間は1秒かかりませんでした。ただ，商品販売を目的としてアソシエーション分析を利用する場面では，一般的に非常に多種類の商品が存在します。商品の種類がもっと多い場合にありうるルール候補の数を，先ほど同様以下の式で求めてみます。

＊14　実際には，前にも書いたとおりRHSを複数にすることもできます。ソフトウェアによって，RHSは1つに限定しているものと，複数のものも検討対象にするものとがありますが，本章ではRHSは1つに限定して説明します。

ルール候補数 ＝ 商品の種類 × $2^{商品の種類-1}$(＊15)

すると，たとえば10種類の商品であれば候補は5,120通り，20種類であれば1,000万通り以上，30種類であれば160億通り以上，40種類ともなると，20兆通りを超えてしまいます。こういった多数の候補すべてについて，ルールに基づいた計算を行うのは現実的ではなく，できるだけ少ない候補数に絞って効率よくルールを探す必要があります。そのためのアルゴリズムです。

説明を簡単にするために，表6-1でデータが見えている10人に絞って，トランザクション・データからルールを抽出することを考えます。ここで，10人のトランザクション・データは，以下のように書き直すことができます。

{A, D}，{A, C, E}，{A, B, C}，{E}，{A, B, C, E}，
{A, C, E}，{A, D}，{C, E}，{B, C, E}，{C, E}

まず，サポートの最小値を決めておきます。ここでは0.3としておきましょう。この基準は分析者が決めてよいです。

効率の良いルール発見のための基準
サポートの足切り基準0.3

ということで，5つの機種それぞれについてサポートを求めます。サポートは同時確率でしたが，1つの対象しかない場合の同時確率は，要するに対象そのものの確率となります。機種Aを含んでいるトランザクションは，{**A**, D}，{**A**, C, E}，{**A**, B, C}，{E}，{**A**, B, C, E}，{**A**, C, E}，{**A**, D}，{C, E}，{B, C, E}，{C, E} より6つありますので，以下になります。

$$P(A) = \frac{6}{10} = 0.6$$

同じようにして，B～Eについても求めると，それぞれ以下のとおりです。

$$P(B) = 0.3,\ P(C) = 0.7,\ P(D) = 0.2,\ P(E) = 0.7$$

＊15　RHSを複数にする場合，ルール候補の数は以下のようになります。
ルール候補数＝商品の種類×$3^{商品の種類-1}$

ここで，機種Dのサポートは，基準の0.3を下回っている点に注目してください。この場合，機種Dを含む組み合わせは，今後の検討材料から外します。なぜなら，サポートは同時確率でした。そして，図6-2を見ればわかるとおり，単独の確率が基準に満ちていなければ，サポート（同時確率）が基準を満たすことは絶対にありません。$P(D)<0.3$のとき，機種Dと他の機種Xとの同時確率$P(D \cap X)$ もまた，機種Dの確率を超えず，$P(D \cap X)<0.3$になるということです。機種Dのサポートが0.2なので，機種Dと他の機種とのサポートもまた，0.3以下になることが確定しています。よって，機種Dを含む組み合わせは，今後考える必要がないのです。したがって，残るのは以下の4つです。

サポートの足切り基準を満たした1つ組
{A}，{B}，{C}，{E}　　　[6-①]

さて次に，上の残った4機種から2つ組を取り出し，その同時確率を求めます。2つ組は全部で6つあります。たとえば，機種AとBの両方を含むトランザクションは，{A, D}，{A, C, E}，{**A**, **B**, C}，{E}，{**A**, **B**, C, E}，{A, C, E}，{A, D}，{C, E}，{B, C, E}，{C, E} より2つなので，以下となります。

$$P(A \cap B) = \frac{2}{10} = 0.2$$

他5つの組み合わせについても同じように求めます。

$$P(A \cap C) = 0.4,\ P(A \cap E) = 0.3,\ P(B \cap C) = 0.3$$
$$P(B \cap E) = 0.2,\ P(C \cap E) = 0.6$$

今度は，{A, B}，{B, E} の2つ組がサポート基準0.3を下回りましたが，その他の組み合わせは基準をクリアしました。その4つの組み合わせ，つまり以下を連関ルールの計算対象として残します。

サポートの足切り基準を満たした2つ組
{A, C}，{A, E}，{B, C}，{C, E}　　　[6-②]

続いて，{X1, X2, X3} のような3つ組のセットを作りますが，このセットから，どの2つ組のセットを取り出しても，[6-②] の4つの組み合わせのいずれかに該当するように，3つ組を作成します。

このルールに従うと，{A, C} にEを付け加えた3つ組 {A, C, E} を作ることができます。なぜなら，{A, C, E} から，2つ組を取り出したとき，{A, C}, {A, E}, {C, E} は［6-②］に含まれるため，{A, C, E} からどの2機種を取り出しても，［6-②］のいずれかに該当します。一方，それ以外の組み合わせは存在しません。{A, C, E} のサポートを求めると，{A, D}，**{A, C, E}**，{A, B, C}，{E}，**{A, B, C, E}**，**{A, C, E}**，{A, D}，{C, E}，{B, C, E}，{C, E} より以下となりました。

$$P(A \cap C \cap E) = \frac{3}{10} = 0.3$$

これは基準を上回っています。よって，以下が連関ルールの計算対象に残ります。

サポートの足切り基準を満たした3つ組
{A, C, E}　［6-③］

なぜ［6-③］の組み合わせを作るときに，［6-③］から取り出した2つ組がすべて，［6-③］に含まれている必要があるのでしょうか。たとえば，{A, B, C} という3つ組を考えてみましょう。このとき，{A, B, C} から取り出した2つ組 {A, C}, {B, C} は，［6-①］に含まれますが，{A, B} が含まれません。つまり，$P(A \cap B)$ は0.3より小さいということです。どんな機種Xを持ってきても，$0.3 > P(A \cap B) \geq P(A \cap B \cap X)$ なので，$P(A \cap B \cap C) < 0.3$ となります。ですから，3つ組からどの2つ組を作っても［6-②］に含まれている必要があります。

次に4つの機種の組み合わせを考えるのですが，3機種の組み合わせ自体が1つしか出てきませんでしたので，4機種の組み合わせを作成するのは不可能で，ここでアプリオリアルゴリズムは終了します。こういった場合以外にも，何らかの形でそれ以上組み合わせを作ることができなくなれば，そこでアルゴリズムは終了します。あとは，ここで出てきた4＋4＋1＝9つの組み合わせについて，それぞれ組み合わせのなかの1つをRHSに置き，残りをLHSに置いて3つの指標を計算していけばよいということになります。

6.5 3つの指標の計算

前節で，サポートを元にして計算する必要のある機種の組み合わせを作ることができましたので，これらの組み合わせについて，3つの指標を求めます。まず，何も前提条件を置かない場合です。ここでは，サポート足切り基準を満たした1つ組［6-①］が対象です。

1つ組の場合，LHSがなくなり，RHSのみを考えます。たとえば，機種Aのサポートは前述のとおりP(A)＝0.6です。また，信頼度は，何も条件がないことになりますので，やはりP(A)

＝0.6です。最後に，リフトは分子も分母も「何も条件なく機種Aを好む確率」になりますので，1になります。よって，{　}⇒{機種A} というルールについて，サポート0.6，信頼度0.6，リフト1が求まります。他の3機種も同様です（表6-2）。

次に，2機種について考えます。ここでは，サポート足切り基準を満たした2つ組［6-②］が対象です。組み合わせは {A, C}，{A, E}，{B, C}，{C, E} の4つでしたので，このなかの一方がRHS，他方がLHSとなり，8通りのルールが検討されます。たとえば {機種A}⇒{機種C} は，サポートが$P(A \cap C)=0.4$でした。信頼度は，以下となります。

$$P(C \mid A)=\frac{P(A \cap C)}{P(A)}=\frac{0.4}{0.6}=0.67$$

リフトは，以下のように求められます。

$$\mathrm{lift}(\{A\} \Rightarrow \{C\})=\frac{P(C \mid A)}{P(C)}=\frac{0.67}{0.7}=0.95$$

サポートとリフトは，LHSとRHSを入れ替えても同じ値になりますが，信頼度はLHSとRHSを入れ替えると値が変わります。他7通りについても同じように求めます。

最後に3機種の組み合わせについてです。組み合わせは {A, C, E} の3機種で，このなかの一方がRHS，残りがLHSとなりますので，A, C, EをそれぞれRHSに置くと考えると，3通りのルールが可能です。たとえば，{機種A，機種C}⇒{機種E} は，サポートが$P(A \cap C \cap E)=0.3$です。信頼度は，以下になります。

$$P(E \mid A, C)=\frac{P(A \cap C \cap E)}{P(A \cap C)}=\frac{0.3}{0.4}=0.75$$

また，リフトは以下となりました。

$$\mathrm{lift}(\{A, C\} \Rightarrow \{E\})=\frac{P(E \mid A, C)}{P(E)}=\frac{0.75}{0.7}=1.07$$

以上，4＋8＋3＝15通りのルールをすべてまとめると，表6-2のようになります。

ここから，たとえばサポートが0.6と高く，信頼度も高くリフトも1を超えている {機種C}⇒{機種E} などは，かなり良いルールと見なすことができるでしょう。

このように，アプリオリアルゴリズムを用いることで，当初は80通りであったルール候補数

表6-2 すべてのルール

ルール	サポート	信頼度	リフト
{ }⇒{機種A}	0.60	0.60	1.00
{ }⇒{機種B}	0.30	0.30	1.00
{ }⇒{機種C}	0.70	0.70	1.00
{ }⇒{機種E}	0.70	0.70	1.00
{機種A}⇒{機種C}	0.40	0.67	0.95
{機種C}⇒{機種A}	0.40	0.57	0.95
{機種A}⇒{機種E}	0.30	0.50	0.71
{機種E}⇒{機種A}	0.30	0.43	0.71
{機種B}⇒{機種C}	0.30	1.00	1.43
{機種C}⇒{機種B}	0.30	0.43	1.43
{機種C}⇒{機種E}	0.60	0.86	1.22
{機種E}⇒{機種C}	0.60	0.86	1.22
{機種A，機種C}⇒{機種E}	0.30	0.75	1.07
{機種A，機種E}⇒{機種C}	0.30	1.00	1.43
{機種C，機種E}⇒{機種A}	0.30	0.50	0.83

表6-3 サポート0.05，信頼度0.4を下限としたルール抽出

	ルール	サポート	信頼度	リフト
1	{機種A，機種C}⇒{機種B}	0.063	0.632	2.425
2	{機種D}⇒{機種A}	0.076	0.547	2.259
3	{機種B，機種C}⇒{機種A}	0.063	0.480	1.982
4	{機種B，機種C}⇒{機種E}	0.065	0.500	1.829
5	{機種B，機種E}⇒{機種C}	0.065	0.893	1.758
6	{機種A}⇒{機種B}	0.107	0.441	1.693
7	{機種B}⇒{機種A}	0.107	0.410	1.693
8	{機種E}⇒{機種C}	0.216	0.790	1.557
9	{機種C}⇒{機種E}	0.216	0.426	1.557
10	{機種A，機種B}⇒{機種C}	0.063	0.585	1.153
11	{機種D}⇒{機種C}	0.073	0.528	1.040
12	{ }⇒{機種C}	0.508	0.508	1.000
13	{機種B}⇒{機種C}	0.130	0.500	0.985
14	{機種A}⇒{機種C}	0.099	0.409	0.805

を15通りにまで，割合にして80％以上減らすことができました。商品の種類が多くなると，より削減効果は大きくなります。また，実際には，計算の過程で信頼度にも下限を設定することで，さらに計算量の削減を行います。ルール抽出後，その評価を行う段階では，リフトによってさらに絞ることもあります。

なお，元々は384件のトランザクション・データでした。この元データに対して，サポート0.05，信頼度0.4を下限にアソシエーション分析を行うと，表6-3にある14のルールを抽出することができました。これくらいのルールだと，実用的なのではないでしょうか。

たとえば，リフトの高さなどから，サポートはやや低いものの，{機種D}⇒{機種A} というルールはかなり有効に見えます。機種AもDも，機能はそこそこで，画面は中程度，とにかく

お手頃価格が売りという共通点があります。このルールは，そういった機種を好む消費者が一定数いるため，と言えそうです。

6.6 分析例——テレビの周辺機器の購入

先ほどの例では，サポートの下限を0.05，信頼度の下限を0.4と置いて分析した結果を示しました。

さて，サポートや信頼度の下限はどのくらいがよいのでしょうか。こういった疑問を持つ人は多いと思います。残念ながら，それに対する明確な回答はありません。では，実際に適切なルールを探すためには，どのようにサポートや信頼度の下限を設定すればよいのでしょうか。その問題を検討するために，別のデータを使った分析例を紹介します。

表6-4は，テレビを買うときに同時に購入しておきたい周辺機器を，最低2つ選んでもらったものです。「購入する」という回答を1,「購入しない」を0としてあります。また,「LAN」「HDMI」はそれぞれケーブル,「ストッパー」は耐震ストッパー,「シール」

表6-4　周辺機器のトランザクション・データ

BSアンテナ	テレビ台	HDD	ストッパー	ヘッドホン	スピーカー	SDカード	LAN	シール	電源タップ	分波器	分配器	HDMI
1	1	0	0	0	0	0	0	0	0	0	0	0
0	0	0	1	0	1	0	1	0	0	0	0	1
1	1	0	0	0	0	0	0	0	0	0	0	0
1	1	0	0	0	1	0	0	0	0	0	0	0
0	0	0	1	0	0	1	0	0	0	0	0	0
0	1	0	0	0	1	0	1	1	0	0	0	1
1	1	0	1	0	0	0	0	0	0	0	0	0
0	0	0	0	1	0	0	0	0	1	0	0	0
0	1	1	0	0	0	0	0	0	0	0	0	0

質問コーナー

本章では，アプリオリアルゴリズムに基づくサポート（同時確率）からの絞り込みと，信頼度やリフトからの連関ルール抽出が説明されていましたが，この他にはどのような考え方があるのでしょうか？

連関ルールの抽出という考え方は，EC（e-commerce電子商取引）サイトや音楽，映画等のサブスクリプション（定期利用・購入）などにおける，リコメンデーション（お薦め）という分野で近年大きく発展しており，その方法は多岐にわたります。

そのなかでは，本章で紹介したような，ある商品を購入する，興味を持つという条件が与えられると，どの商品に興味を持ったり買ったりする確率が上がるかというような考え方は，**アイテムベースの方法**と呼ばれています。

その他に，あるユーザーの興味，購入という情報から，そのユーザーと似たユーザーを探し出し，そのよく似たユーザーの興味，購入の情報を元にリコメンデーションを行うという考え方もあります。この考え方は**ユーザーベースの方法**と呼ばれます。

は液晶保護シールをそれぞれ指します。

13種類の商品がありますので，ルールのありうる組み合わせをすべて探索すると，53,248通りの候補があります。これくらいであれば，コンピュータを用いれば十分計算は可能ですが，検討価値の低いルールが大量に出てきても解釈に困るだけですので，やはりアプリオリアルゴリズムを用いて，候補を絞って分析したほうが効率的です。

このデータに対して，まずソフトウェアのデフォルト設定（今回分析に用いたソフトウェアでは，サポート0.1，信頼度0.8などがデフォルト設定となっていました）を用い，アプリオリアルゴリズムでアソシエーション分析を行ってみたところ，そもそもルールが1つも抽出されませんでした。

表6-4を見てもわかるとおり，そもそも「購入しない」が大量に入っているトランザクション・データです。信頼度，サポートの下限が高すぎたということでしょう。384人全員分のデータから購入確率を求めてみると，最も購入と回答している人の多いテレビ台でも51%程度であり，他はすべて40%以下です。そう考えると，信頼度の下限0.8は明らかに高すぎます。

そこで，とりあえずサポート，信頼度の下限をどちらもデフォルト設定の半分，それぞれ0.05と0.4として再分析してみたところ，9つのルールが抽出されました。これは，表6-3で出てきたルールを抽出したときの設定です。

リフトが高い順に見ると，{LAN}⇒{BSアンテナ}，{　}⇒{テレビ台}，{スピーカー}⇒{テレビ台} といったルールです。しかし，最初のルールを除いてリフトは1以下で，また，最初に出てきた {LAN}⇒{BSアンテナ} 以外，すべてRHSは「テレビ台」でした。つまり，これくらいのサポートの下限だと，元々選択している人数の多い「テレビ台」に関連するルールしか，下限を満たせないということです。また，RHSがほぼすべて「テレビ台」ということで，信頼度についても，もう少し基準を下げないと他の商品に関連するルールが出てきづらそうです。前回と同じ設定では，うまくルールが抽出できませんでした。

今度は，下限をそれぞれサポート0.03，信頼度0.3として再分析してみます。すると，29通りのルールが抽出され，うち9つについてはリフトも1を超えました。

一例としては，{ヘッドホン}⇒{スピーカー} で，このルールのサポートは0.05（正確には0.0494だったので先ほどは出てきませんでした），信頼度が0.43で，リフトが1.34です。「スピーカー」の選択確率は元々0.33程度でしたので，それなりに有用なルールに見えます。

これでも一応分析としては成功ですが，まだいいルールがあるかもしれませんので，もう少し条件を下げてみましょう。ただ，サポートをこれ以上下げると，384人中10人以下にしか該当しないような組み合わせが出てきてしまい，さすがに使える場面が少なすぎますので，信頼度だけもう少し緩めてみます。

信頼度の下限を0.2に下げると全体で57個，リフトが1を超えるものに絞ると18個のルールを見つけることができました。「RHS」「LHS」を見比べても，特定の商品に偏りすぎることもない結果が得られています。また，19個くらいのルールですから，1つ1つ意味を吟味するこ

表6-5　サポート0.03，信頼度0.2を下限としたルール抽出

ルール	サポート	信頼度	リフト
{ストッパー} ⇒ {シール}	0.031	0.200	1.422
{シール} ⇒ {ストッパー}	0.031	0.222	1.422
{スピーカー，HDMI} ⇒ {テレビ台}	0.031	0.706	1.383
{ヘッドホン} ⇒ {スピーカー}	0.049	0.432	1.337
{HDMI} ⇒ {LAN}	0.044	0.262	1.304
{LAN} ⇒ {HDMI}	0.044	0.221	1.304
{HDMI} ⇒ {ストッパー}	0.034	0.200	1.280
{ストッパー} ⇒ {HDMI}	0.034	0.217	1.280
{テレビ台，HDMI} ⇒ {スピーカー}	0.031	0.400	1.239
{テレビ台，スピーカー} ⇒ {HDMI}	0.031	0.200	1.182
{スピーカー，LAN} ⇒ {テレビ台}	0.031	0.571	1.120
{LAN} ⇒ {BSアンテナ}	0.081	0.403	1.104
{BSアンテナ} ⇒ {LAN}	0.081	0.221	1.104
{BSアンテナ，テレビ台} ⇒ {LAN}	0.034	0.220	1.099
{テレビ台，LAN} ⇒ {スピーカー}	0.031	0.353	1.093
{ヘッドホン} ⇒ {BSアンテナ}	0.044	0.386	1.060
{テレビ台，LAN} ⇒ {BSアンテナ}	0.034	0.382	1.049
{HDMI} ⇒ {HDD}	0.057	0.338	1.032

ともできます。よって，分析はここまでとします。抽出されたルールのうち，リフトが1を超えるのは表6-5のとおりです。

{耐震用ストッパー} ⇒ {液晶保護シール}，またその逆というルールは，どちらの商品も元々選択している人がそこまで多くないため，サポートも信頼度も高くは出ていませんがリフトは高く，どちらかを買うと，もう一方を買う確率が大きく上がるという意味で有用です。また，地震が起こったときに壊れないように，という意図がわかる合理的なルールです。

先ほども出てきた {ヘッドホン} ⇒ {スピーカー} は，音にこだわる人であることをうかがわせ，また，{HDMI} ⇒ {LAN} やその逆は，多くの周辺機器を接続したい人がいることを示唆

質問コーナー

インターネットサービス以外の場面では，アソシエーション分析の結果はどのように使えばいいのでしょうか？

気づきさえすれば興味を持ってもらえるはずなのに，それに気づいていない顧客に商品の存在を知ってもらうことが，主な使い方になります。たとえば，店舗で商品を陳列する際に，関連する商品同士を近くに置き，目につきやすくするのが基本的な発想です。それ以外にも，関連の深い商品同士を最初からセットで販売するという方法は，十分に考えられます。同じように，ファストフード店など外食サービスにおいて，セットメニューを作ることもできるでしょう。また，投資や保険などのように，関連する商品が多すぎて選ぶのが難しいような場面で，候補を提示するために使うのも有効と思われます。

しています。

ちなみに，サポートも信頼度も下限を0にして，全組み合わせを分析対象にしても，このくらいの商品の数でしたらまったく時間をかけずに計算ができました。しかし，出てきたルールは，たとえば {ヘッドホン，分波器} ⇒ {分配器}，サポート0.005，信頼度1，リフト38.4のように，LHSに該当する組み合わせが元々1人か2人しかいないようなケースで信頼度1になり，結果リフトが大きくなるというような結果でした。これではまったく解釈できません．

表6-3と6-5を見比べてもわかるように，トランザクション・データが異なれば，最適な下限（足切り基準）も変わってきます。また，同じトランザクション・データであったとしても，分析の目的によって重視する指標が変わってきます。そのため，アソシエーション分析では，前節の分析例で示したとおり，少しずつ条件を変えながら目的に合致した適度な数と有用なルールが出てくるまで分析を繰り返す，という試行錯誤が必要です。

アソシエーション分析において重要な3つの指標，ルールの正確性を示す「信頼度」，ルールが使える場面がどれだけ多いかを示す「サポート」，ルールによってどれだけ信頼度を上げてくれるかを示す「リフト」の意味を理解し，それぞれがどの程度までの値なら許容できるか常に考えながらルールを探索するのが重要です。

Quiz

理解できたか
チェック
してみよう！

問1：10人のトランザクション・データが以下のとおりであるとします。このとき，$P(A)$～$P(E)$，$P(B \cap E)$，$P(E|B)$ をそれぞれ求めてください。

$\{B, D, E\}$，$\{A, D\}$，$\{D, E\}$，$\{B, C, E\}$，$\{D\}$，
$\{C, D, E\}$，$\{B, C, D, E\}$，$\{C, E\}$，$\{A, B, D, E\}$，$\{B, C\}$

問2：問1のトランザクション・データについて，サポートの下限を0.3として，アプリオリアルゴリズムによりサポートの基準を満たす商品の組み合わせを求めてください。

問3：問1のトランザクション・データについて，ルール $\{B\} \Rightarrow \{E\}$ のサポート，信頼度，リフトをそれぞれ求めてください。また，その結果を解釈してください。

問4：ソフトウェアを使って，問1のトランザクション・データについて，アプリオリアルゴリズムを用い，適当な信頼度，リフトを設定して各種ルールを抽出してください。また，その結果を解釈してください。

問5：伴走サイト掲載のデータは，表6-4のトランザクション・データです。このデータから，皆さんが実際に商品を販売することを想定し，ソフトウェアを使ってアプリオリアルゴリズムを用い，適切な基準を定めて各種ルールを抽出してください。

第7章 意思決定と決定過程の検討 ――AHP・集団AHP

ここまで，消費者はどのような商品を好むのか，ある商品を好む消費者にはどのような傾向があるのか，といったことを分析する方法を見てきました。最後に，消費者はどのように意思決定を行うのか，また，どのように決定を行えば，より後悔のない選択をできるのか考えます。そして，その方法を応用することで，集団での意思決定の問題についても検討していきます。

本章でもこれまで同様，表1-1（表7-1として再掲）のテレビについての5つの候補から，どれか1つを選択する問題を考えていきます。

表7-1　5つのテレビ案

機種	商品案	購入者数
A	24インチ，3D表示なし，外付けHDDに録画，ノーブランド，¥24,800	71
B	55インチ，3D表示あり，外付けHDDに録画，甲社，¥199,800	60
C	40インチ，3D表示なし，録画用HDDとBlu-rayレコーダー内蔵，乙社，¥145,800	161
D	32インチ，3D表示なし，録画機能なし，丙社，¥28,800	26
E	19インチ，3D表示なし，内蔵HDDに録画，丁社，¥39,800	66

消費者心理学では，このように複数存在する選択肢のなかから選択肢を絞り込んでいく過程のことを，**選択ヒューリスティクス**と呼びます。ヒューリスティクスとは，「発見的な」とか「試行錯誤的な」といった意味を持つ言葉で，必ずしも正解にたどり着けると保証されているものではないが，手間暇を軽減しながら，ある程度正解に近い回答にたどり着ける方法であるとされています。「**経験則**」と訳すこともあります。

選択ヒューリスティクスにはさまざまな方法があります。たとえば，**連結型**と呼ばれる手法では，評価の基準となるもの（たとえば録画機能）に関して，求める条件（少なくとも外付けHDDに録画可能である）を満たさないものは，その段階で選択から外します。この方法では，機種Dは自動的に選択の対象から外れます。

逆に，ある条件を満たしていればその段階で選択される手法もあり，それは**分離型**と呼ばれます。たとえば，とにかく3万円以下のテレビが欲しいとき，機種Aから順番に調べて，その条件が満たされたものを見つけた時点で購入します。ここでは，機種AとDが該当しますが，機種Aを見つけた段階で購入を決めるので，機種Dは考慮の対象になりません。これらは，ある部分で条件を満たしたか否かで，他の部分にかかわりなく選択肢から外される，もしくは選択される手法です。何かが満たされないときに，その代わりのもので満たすことを認めないという意味で，**非代償型**と呼ばれます。

それに対して，画面サイズから見た評価と録画機能から見た評価を合計するというような方法で，総合的な評価を考える方法は，何かの基準で評価が低くても，他の基準で評価が高ければその不足を埋めることができるため，**代償型**と呼ばれます。

非代償型は，たとえばある基準で最低条件を満たさなければ，他の部分の評価に関係なく選択肢から外されます。これは，情報処理の負担が少ない手法であると言えます。一方，代償型では，たとえある基準において評価が低くても，他の基準で評価されればその低評価を埋めることができるため，すべての対象に対してすべての基準で評価する必要があり，情報処理の負担はより大きくなります。

実際には，人はこれらのヒューリスティクスのなかから1つを選んで採用するのではなく，たとえば選択肢が多くあるうちは，決定に負担の少ない非代償型で絞り込みを行い，ある程度絞れたところで代償型でより細かく検討するという方法を採ったりします。

7.1 AHPの概要

本章で紹介する**AHP**は，先ほどの説明で言えば代償型に分類できる意思決定のための手法です。AHPとは，Analytic Hierarchy Processの略で，その言葉のとおり，意思決定にあたって図7-1のような階層構造を考えます。

図で言うと一番左側，最上位の階層が，最終的な目的にあたります。ここでは，購入する機種を決定するのが最終目的ですので，「購入する機種」と置きます。その次の階層には，最終目的を決定するうえで最も重要な要素を置きます。ここでは，その最終目的に対する**評価基準**ということになります。

評価基準としては，これまで画面サイズ，3D表示，録画機能，ブランド，価格を取り上げ

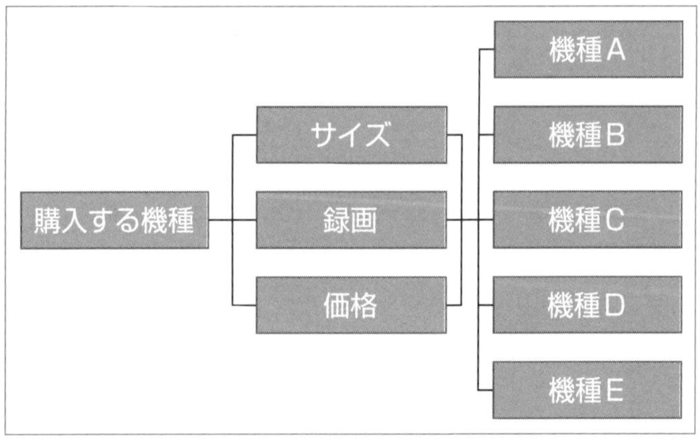

図7-1　AHPにおける階層構造

てきましたが，本章では説明を簡単にするために，評価基準を「サイズ」「録画」「価格」の3つに絞ることにします。

最後，図の一番右側には，評価基準により評価される対象，最終目的の候補である**代替案**を置きます。ここでは，無論機種A～Eまでの5機種ということになります。

そしてAHPでは，「購入する機種」を決めるために，「サイズ」「録画」「価格」のどの評価基準が重要か，「サイズ」から見て「機種A」～「機種E」のどの代替案が望ましいか，「録画」から見たら，「価格」から見たらどうか，というように1つ上の階層を基準として，ある階層のなかでどれがより重要であるかを求めます。最後にその結果を統合し，最終評価を求めるという流れで意思決定を行います。

7.2 一対比較法

たとえば，評価基準「サイズ」で5つの代替案を評価するとします。このとき，5つの代替案それぞれに対して，「サイズ」という観点から適切な評価を与えることは，実は簡単なことではありません。行動経済学の基礎であり，消費者心理学やマーケティングの研究でもよく用いられる**プロスペクト理論**でも，**参照点依存性**として説明されているとおり，人は物事を絶対的な値で評価するよりも，何か基準となる値との比較で相対的に理解するほうが得意です。そこでAHPでは，基本的に評価は**一対比較法**を用いて行います。

一対比較法とは，たとえば「サイズ」に関する「機種A」の評価を求めたいときに，その評価を絶対的な値で与えるのではなく，「機種B」を基準とした「機種A」の評価，「機種C」を基準とした「機種A」の評価，「機種D，E」を基準とした評価というように，他の対象を基準とした相対的な値で数値化する方法です。

AHPにおける一対比較では，XとYの2つの比較対象があるとき，Yを基準としたXの評価をXYとすると，以下のように評価を与えます。

- XとYが等しく重要なときは，XY＝YX＝1。
- XがYよりもやや重要なときは，XY＝3，YX＝1/3。やや重要ではないときは，XY＝1/3，YX＝3。
- XがYよりもかなり重要なときは，XY＝5，YX＝1/5。かなり重要ではないときは，XY＝1/5，YX＝5。
- XがYよりも非常に重要なときは，XY＝7，YX＝1/7。非常に重要ではないときは，XY＝1/7，YX＝7。
- XがYよりも極めて重要なときは，XY＝9，YX＝1/9。極めて重要ではないときは，XY＝1/9，YX＝9。

この評価をまとめると図7-2のようになります。

たとえば，ある人が評価基準「サイズ」に関して，機種AとCとを比較したとします。その人は，機種Aはやや小さいと感じる一方，機種Cをちょうど良いと感じたため，機種CのほうがAよりも非常に重要（望ましい）と評価しました。そうすると，評価としては図2の青丸の位置ということになります。数直線の上側，機種Cを基準とした機種Aの評価は，機種Cから見ると機種Aは非常に重要ではないとなり，AC＝1/7となります。一方，数直線の下側，機種Aを基準としたCの評価は，先ほども説明した通り非常に重要であり，CA＝7となります。

AHPの評価方法自体にはさまざまなものが提案されていますが，基本的にはこの方法で比較検討を行うことになります。なお，その数値の与え方として，2，4，6，8とその逆数1/2，1/4，1/6，1/8などを使うこともできます。

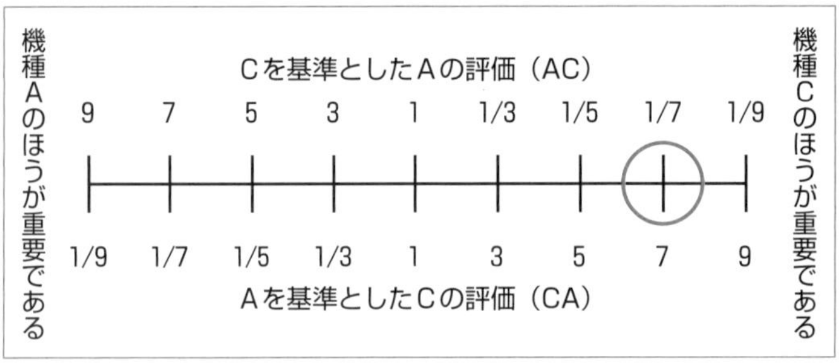

図7-2　AHPにおける一対比較

表7-2　評価基準「サイズ」に関する一対比較の結果

サイズ	A	B	C	D	E
A	1	1/3	1/7	1/5	5
B	3	1	1/3	3	5
C	7	3	1	5	9
D	5	1/3	1/5	1	5
E	1/5	1/5	1/9	1/5	1

このようにして，評価基準「サイズ」について，A～Eまでのすべての組み合わせに対して，ある人物（購入検討者）が評価を行った結果をまとめたものが表7-2です。これを**一対比較行列**と呼びます。ここで，列頭の機種名が基準であり，行頭の機種名が評価対象になります。つまり，機種Cを基準としたAの評価が下線部のAC＝1/7であり，この人物は，「サイズ」に関しては，機種Cを「非常に望ましい」と評価しているということです。

この表で注目するべきなのは，次の2点です。1点目は，表の対角線（**対角要素**と呼びます）上，AとA，BとBの比較などはすべて1となっている点です。AとAを比較した場合の重要性は等しいということで，これは自明です。2点目は，この対角要素を挟んで対象の位置にあるセル同士は，お互いの逆数になるという点です。たとえば，先ほどの下線で示されたAC＝1/7のセルから，対角要素を挟んで対象の位置にあるセルを確認すると，Aを基準としたCの評価，CA＝7のセルになります。

このように，対象の位置にあるのは，Yを基準としたXの評価に対してXを基準としたYの評価となるため，図7-2からも一方が他方の逆数になることがわかります。

この2点を踏まえると，一対比較行列では，表7-2の薄い青の部分（「対角要素を含まない上三角要素」のように呼びます）の評価だけ行えば，残りの部分は自動的に決まることになります。

質問コーナー

プロスペクト理論ってなんですか?

プロスペクト理論は，リスクを伴う状況下での判断に関するモデルです。心理学と経済学を融合した学問である行動経済学の基礎となった研究の一つであり，その特徴は，以下のような，利得や損失とそこから感じる価値を示した図（価値関数）で説明することができます。

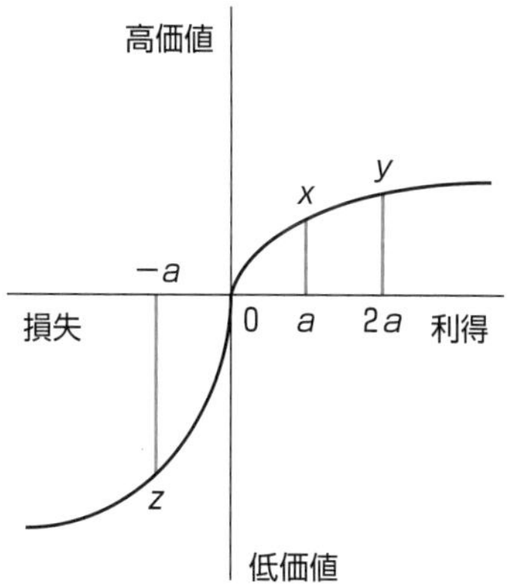

この図が表しているのは以下の3点です。

① 人は，利得も損失も感じない値（参照基準点，リファレンス・ポイント，図の原点）を基準として，それよりも得したか損したかで価値を判断します。

② 利得がより嬉しく，損失が増えればより悲しいですが（単調増加），利得が2倍になっても（aと$2a$），感じる価値は2倍にはなりません（$y<2x$）。損失が2倍になっても同様です。利得，損失が大きくなると，それにしたがって感じる価値の増え方，減り方は，小さくなります。

③ 同じ金額の利得（a）と損失（$-a$）では，利得で感じる嬉しさよりも，損失から感じる悲しさのほうが大きくなります（損失回避，$|x|<|z|$）。

この3点から，さまざまなことが説明できます。①は本文中で説明したとおりです。たとえば，商品AとBが同じ1000円で販売されていたとします。このとき，もし商品Aが先週900円で，商品Bが1100円だとしたら，同じ1000円であっても商品Aを高く感じ，Bを安く感じます。これは，商品Aのリファレンス・ポイントが900円であるのに対し，Bが1100円になるため，それとの比較で商品Aは高く，Bは安くなるのです。

②からわかるのは，人は得しているときには，リスクを負わずその利益を確定させようとし，損しているときにはそれを取り戻そうとして，リスクを取ってギャンブルをする傾向があるということです。なぜなら，a得していた人の利益が$2a$になったとしても，嬉しさはそこまで大きく増えないので，リスクある$2a$より確実な利得aが好まれます。同じように，損している人$-a$から見ると，損が2倍に増えても悲しさは2倍増えるわけではありません。一方で，損失がなくなったときに，zから0への価値関数の変化はかなり大きいです。そのため，リスクを取ってでも損失を取り戻そうとしがちです。

③からわかるのは，人は得したい以上に損したくないと思っているということです。そのため，多少のリスクを負えば得することができる可能性が高い場面でも，損失の可能性を恐れてリスクを負うのを回避するケースは多いです。そのいい例が投資です。特に日本では，株式などの元本割れの恐れがあるリスク資産よりも，平均的な利率は低くても，銀行預金や国債のような安全資産が好まれるケースが多いです。

この上三角要素の数は，5つの機種から2つの機種を選ぶ組み合わせの数となり，${}_5C_2=5\times 4/2=10$です。

同様の一対比較行列を，評価基準「録画」「価格」についても作成します。こうすることで，一番下の階層である代替案について，その1つ上の階層である評価基準からの評価を作成することができました。

同じように，3つの評価基準について，その上，最上位の階層である購入する機種という観点から重要性を評価します。ここでも，これまでと同じように一対比較行列を作成します。その結果は表7-3のとおりです。

表7-3　評価基準同士の一対比較の結果

評価基準	サイズ	録画	価格
サイズ	1	5	7
録画	1/5	1	3
価格	1/7	1/3	1

7.3 幾何平均と重みの算出

表7-2，7-3のようにして求めた一対比較行列そのものは，たとえば評価基準「サイズ」における代替案「機種A」の評価そのものではありません。そこで次に，これらの一対比較行列を元にして，そういった求めたい評価を算出します。算出方法にはさまざまな方法があり，ここではそのなかでも簡易で，かつ計算の意味がわかりやすい**幾何平均法**を紹介します。

「サイズ」における「機種A」の評価に関連する部分を表7-2から取り出すと，[1，1/3，1/7，1/5，5］という5つの値を取り出すことができます。この5つの値を元にして，「サイズ」における「機種A」の評価を求めることを考えた場合，直感的に最もわかりやすい方法は，この5つの値の平均値を求めることでしょう。

この考え方は，その機種自体も含めた5つの機種を基準とした機種Aの相対的な評価の平均値を，機種Aの評価としようというもので，その考え方は自然ですが，一点注意すべき点があります。それは，この一対比較行列が，比のデータになっているということです。

この点を確認するために，簡単な例を示します。ここ3年間の預金残高の前年比がそれぞれ1/2，1/2，4倍だとしたとき，この期間の平均変化率を求めます。当初の残高を1とすると，最初の年に1/2となり，次の年にはさらに半分で1/4となり，最後の年に4倍となって1に戻っているため，最終的な預金残高は変化なしということになります。

さてここで，この変化率について一般的な平均値（算術平均値）を求めます。すると以下のとおりです。

$$\text{変化率の平均} = \frac{1}{3}\left(\frac{1}{2}+\frac{1}{2}+4\right)=\frac{5}{3}=1.667$$

つまり，平均的に1.667倍になってしまっていることになります。これは直感とはまったく合いません。では次に，金額で考えてみます。当初100万円あった預金が最初の年に50万円に，次の年に25万円になり，最後の年に100万円に戻ったとすると，これは先ほどの例と同じ変化率です。このときの，1年あたりの平均変化額を求めます。最初の年は50万円減，次の年は25万円減，最後の年は75万円増なので，以下のとおりです。

$$\text{預金の平均変化額} = \frac{1}{3}(-50-25+75)=0$$

最終的に預金残高は変化していないので，変化額の平均値も0となるというのはとても自然な結果です。

このように算術平均値は，一般的な金額等の値や，相対的な値であっても増減などプラスマイナスの値に対して使うのは問題ありませんが，一方で前年比のような比率のデータに対して求めるのは，問題があることがわかります。

こういった場面で用いられる比率の平均値が，**幾何平均（Geometric Mean）**です。幾何平均は以下のように求められます。ここで，Π はギリシャ文字の「パイ」の大文字（小文字は円周率でおなじみの π，ローマ字のPに相当）で，そのまま「パイ」もしくは「プロダクト（Product）」と読みます。プロダクトには積という意味があります。Σ（ローマ字のS，Sum）が「足し合わせる」意味で使うのに対して，Π は「掛け合わせる」際に使います。足し算か掛け算かという違い以外は，添字も含めて，Σ と同じ使い方の記号と理解して差し支えありません。

$$x\text{の幾何平均} = \sqrt[n]{\prod_{i=1}^{n} x_i} = \sqrt[n]{x_1 \times x_2 \times \cdots \times x_n}$$

算術平均では，すべての値を足して，足した値の数で割りました。それに対して幾何平均は，すべての値を掛け合わせた $\left(\prod_{i=1}^{n}\right)$ うえで，掛け合わせた値の数 n を用いて n 乗根を求めます。n 乗根は，べき根，累乗根などとも呼ばれ，平方根をより一般的にした形です。

2乗したら $\sqrt{\ }$ の中の値となる値を求める平方根に対して，n 乗したら $\sqrt{\ }$ の中の値になるような値を求める計算ということになります。たとえば，8の3乗根は，$8=2^3$ なので以下のとおりです。

$$\sqrt[3]{8} = \sqrt[3]{2^3} = 2$$

この幾何平均を用いて先ほどの平均変化率を求めると，以下のとおりです。最終的に預金額は元に戻っているわけですから，平均変化率1というのは納得できる結果です。

$$\text{預金の平均変化率} = \sqrt[3]{\frac{1}{2} \times \frac{1}{2} \times 4} = \sqrt[3]{1} = 1$$

算術平均と幾何平均について，もう一つ例を出します。

当初100万円あった預金が次の年に180万円になり，最後の年に144万円になったとします。このとき，変化額で見ると，最初の年は ＋80万円，次の年は −36万円であり，変化率で見ると，最初の年は1.8倍，次の年は0.8倍です。ここから，平均変化額（算術平均）と平均変化率（幾何平均）を求めると，それぞれ以下のとおりです。

$$\text{預金の平均変化額} = \frac{1}{2} = (80-36) = 22$$

$$\text{預金の平均変化率} = \sqrt[2]{1.8 \times 0.8} = \sqrt[2]{1.44} = 1.2$$

平均変化額は，毎年22万円増えるならば，100万円は2年後に100＋22＋22＝144万円になっているということであり，平均変化率は，毎年1.2倍になるならば，100万円は2年後に1.2×1.2＝1.44倍の144万円になるということを示しています。

このように，算術平均は，毎年同じ額増減しているのだとすれば，1年あたりの増減額はいくらであるか求めているのに対して，幾何平均は，毎年同じ割合で変化しているのだとしたら，1年あたりの変化率はどれくらいか求めているのに相当します。

今回の一対比較データも，Aから見たCが7であるのに対して，Cから見たAが1/7であるというように，比率のデータと位置づけることができます。したがって，「サイズ」における「機種A」の評価を，5つの比較結果の平均値として求める場合にも，この幾何平均を用いるのが適切です。その評価は以下のとおりです。

$$\text{サイズにおける機種Aの評価} = \sqrt[5]{1 \times \frac{1}{3} \times \frac{1}{7} \times \frac{1}{5} \times 5} = \sqrt[5]{0.0048} = 0.544$$

同じ計算を他の機種に対しても行った結果が，表7-4の「幾何平均」の列です。幾何平均を用いたAHPでは，この幾何平均をそのまま使うのではなく，これらの幾何平均の合計を求めたうえで，その合計値でそれぞれの値を割った値をもって，「サイズ」における「機種A」の評価などを求めます。5つの幾何平均の和は7.552であり，0.544/7.552＝0.072（表7-4青字の箇所）などとなります。

それぞれの機種に対して同様の計算を行った結果が，「重み」の列です。「サイズ」という観点では，機種Cを最も好み，次にB，その次にDという評価になっています。機種Cは40インチ，Bは55インチ，Dは32インチでした。つまり，この回答者は単純に大きな順に好んでいるということではなく，55インチは少し大きすぎる，32インチは少し物足りなく，40インチくらいが部屋に置くにはちょうど良いと考えているということになります。

表7-4　評価基準「サイズ」に関する一対比較と重み

サイズ	A	B	C	D	E	幾何平均	重み
A	1	1/3	1/7	1/5	5	0.544	0.072
B	3	1	1/3	3	5	1.719	0.228
C	7	3	1	5	9	3.936	0.521
D	5	1/3	1/5	1	5	1.108	0.147
E	1/5	1/5	1/9	1/5	1	0.245	0.032
					合計	7.552	

残りの評価基準「録画」と「価格」についても，一対比較行列から重みを求めた結果が表7-5です。録画機能と価格については，それぞれ高機能ほど高評価，低価格ほど高評価であり，イメージどおりの結果です。

表7-5　評価基準「録画」「価格」に関する一対比較と重み

録画	A	B	C	D	E	幾何平均	重み
A	1	1	1/5	5	1/3	0.803	0.109
B	1	1	1/5	5	1/3	0.803	0.109
C	5	5	1	9	3	3.680	0.500
D	1/5	1/5	1/9	1	1/7	0.229	0.031
E	3	3	1/3	7	1	1.838	0.250
価格	A	B	C	D	E	幾何平均	重み
A	1	9	7	3	5	3.936	0.506
B	1/9	1	1/3	1/7	1/5	0.254	0.033
C	1/7	3	1	1/5	1/5	0.443	0.057
D	1/3	7	5	1	3	2.036	0.262
E	1/5	5	5	1/3	1	1.108	0.142

また，評価基準同士の一対比較に関しても同じように求めます。その結果が表7-6です。置く場所や使い方を考えるとサイズは妥協できないという考え方から，サイズを最重要視していることが確認できます。

表7-6　評価基準同士の一対比較と重み

評価基準	サイズ	録画	価格	幾何平均	重み
サイズ	1	5	7	3.271	0.731
録画	1/5	1	3	0.843	0.188
価格	1/7	1/3	1	0.362	0.081

7.4 AHPにおける一対比較の整合度

一対比較法は，前にも説明したとおり人間の認知の特性を活かした方法ですが，注意が必要な点もあります。表7-7の①と②は，いずれもXYZの3つの対象に対して，一対比較で好みを評価したものです。この2つの評価，どちらのほうがより納得できるものでしょうか。

表7-7　一貫性のある評価とない評価

①	X	Y	Z	幾何平均	重み
X	1	5	1/5	1.000	0.207
Y	1/5	1	1/9	0.281	0.058
Z	5	9	1	3.557	0.735
②	X	Y	Z	幾何平均	重み
X	1	5	1/5	1.000	0.333
Y	1/5	1	5	1.000	0.333
Z	5	1/5	1	1.000	0.333

①と②とで異なっているのは，YとZの比較の部分（青字の箇所）です。①ではZを基準としたYの好みは1/9であり，Zのほうが強く好まれています。一方，②では5であり，Yが好まれています。Xを基準とした評価（薄い青の部分）に着目すると，Xの好みは1，Yの好みは1/5，Zの好みは5ですから，ここだけから見ると，Z→X→Yの順に好まれています。①はZが強く好まれておりその評価と整合的である一方，②はYの方がZより好まれていることになり，Z→X→Y→Zとなってしまい，評価が循環的です。

実際のところ，こういった評価の非一貫性は，人間には少なからずあるものです。まったく矛盾なく評価が可能なほど好みが定まっているのであれば，無理に一対比較を用いなくても意思決定は可能です。多少の揺れがあるからこそ，AHPなどの手法を用いることに意味があるのも事実です。ただ，あまりに評価の整合性が低いと，評価基準や代替案の設定に問題があったり，問題が複雑すぎて正しく認識できていなかったりなど，意思決定上何かしらの問題を抱えている可能性も否定できません。

そのため，ある程度の整合性は必要です。その整合性を，AHPでは**整合度（Consistency Index：C.I.）**を用いて評価します。C.I.は，一対比較行列と算出した重みを用いて，以下のように計算します。

(1)　Xの重みをXを基準とした評価，Yの重みをYを基準とした評価，Zの重みをZを基準とした評価にそれぞれ掛けます。つまり，たとえば，表7-7①の塗りつぶされたセルそれぞれに，Xの重み0.207を掛けるということです。

$$\begin{bmatrix} 1\times 0.207 & 5\times 0.058 & \frac{1}{5}\times 0.735 \\ \frac{1}{5}\times 0.207 & 1\times 0.058 & \frac{1}{9}\times 0.735 \\ 5\times 0.207 & 9\times 0.058 & 1\times 0.735 \end{bmatrix} = \begin{bmatrix} 0.207 & 0.291 & 0.147 \\ 0.041 & 0.058 & 0.082 \\ 1.033 & 0.523 & 0.735 \end{bmatrix}$$

(2)　この計算結果について，各行の値を合計します。

$$\begin{bmatrix} 0.207+0.291+0.147 \\ 0.041+0.058+0.082 \\ 1.033+0.523+0.735 \end{bmatrix} = \begin{bmatrix} 0.644 \\ 0.181 \\ 2.292 \end{bmatrix}$$

(3)　合計値を各行の重みで割ります。

$$\begin{bmatrix} 0.644/0.207 \\ 0.181/0.058 \\ 2.292/0.735 \end{bmatrix} = \begin{bmatrix} 3.118 \\ 3.118 \\ 3.118 \end{bmatrix}$$

(4)　求めた各行の値の平均値を求めます。この値は一般的にλ_{max}と表記します。

$$\lambda_{max} = \frac{3.118+3.118+3.118}{3} = 3.118$$

(5)　この平均値を用い，以下のように計算することでC.I.は求められます。

$$C.I. = \frac{\lambda_{max} - \text{比較対象の数}}{\text{比較対象の数} - 1} = \frac{3.118-3}{3-1} = 0.059$$

C.I.は，0.1，もしくは0.15を下回れば，整合的な評価を行っていると言えます。①のC.I.は，0.059なのでこの基準を下回り，整合性のある評価を行っていると言えます。一方，同じ方法で②について計算すると，C.I.は1.6となりました。これは，基準を大幅に超える値であり，整合性の低い評価を行っているということになります。

このように，C.I.が大きくなってしまった場合には，評価基準や代替案が評価可能なものになっているか，もう一度見直すとよいでしょう。

C.I.を，テレビの評価（表7-4）に対しても求めてみます。「サイズ」に関する5つの機種の評価について，各行の値の合計を求めます。

$$\begin{bmatrix} 1\times0.072+\frac{1}{3}\times0.228+\frac{1}{7}\times0.521+\frac{1}{5}\times0.147+5\times0.032 \\ 3\times0.072+1\times0.228+\frac{1}{3}\times0.521+3\times0.147+5\times0.032 \\ 7\times0.072+3\times0.228+1\times0.521+5\times0.147+9\times0.032 \\ 5\times0.072+\frac{1}{3}\times0.228+\frac{1}{5}\times0.521+1\times0.147+5\times0.032 \\ \frac{1}{5}\times0.072+\frac{1}{5}\times0.228+\frac{1}{9}\times0.521+\frac{1}{5}\times0.147+1\times0.032 \end{bmatrix}=\begin{bmatrix} 0.414 \\ 1.220 \\ 2.734 \\ 0.849 \\ 0.180 \end{bmatrix}$$

そして，この値を各行の重みで割ったうえで，その平均値 λ_{max} を求めます。

$$\lambda_{max}=\frac{1}{5}\left(\frac{0.414}{0.072}+\frac{1.220}{0.228}+\frac{2.734}{0.521}+\frac{0.849}{0.147}+\frac{0.180}{0.032}\right)=5.535$$

このから，C.I.は以下のように求められます。

$$C.I.=\frac{5.535-5}{5-1}=0.134$$

質問コーナー

一対比較を行うと，C.I.が悪くなりがちです。改善する方法はないのでしょうか？

C.I.が悪くなる原因のなかで，特に改善しやすいものとしては，以下の3つが考えられます。

1つ目は，代替案が多すぎて比較に混乱が生じる場合です。代替案が多すぎると一対比較の回数が多くなり，そもそも評価する労力が大きいです。そのうえ，比較に矛盾や混乱も生じやすくなります。

2つ目は，評価基準が代替案の評価に有用なものになっていない場合です。評価基準が代替案を評価するものになっていない場合，その評価基準を元に代替案を評価しても，善し悪しが評価者本人にとってもわかりづらくなります。その結果，一貫性のある評価が難しくなる可能性が高まります。

3つ目は，極端な評価（9や1/9）が複数出てしまう場合です。この場合，同じように9と評価されたもの同士で比較したとき，その間で差があると，それが一貫性のない評価と判断されます。本当にその両方が9と評価されるべき違いなのか，改めて確認するとよいでしょう。

完全に整合してはいませんが，最低限の整合度は確保できた結果と言えます。あらためて一対比較行列を見直してみると，たとえば機種AとBとでは，概ね機種Bのほうを好む評価をしているにもかかわらず，機種Eと比較結果はどちらも同じ値になっており，このあたりが部分的に整合していないと言えそうです。これは，機種Eという飛びぬけて小さいテレビと比較したことで，機種Aの小さすぎるという問題点と，機種Eの大きすぎるという問題点との差が，十分に見えなくなってしまったためだと考えられます。

こういったあいまいな評価が混ざってしまうことも，意思決定のなかでは十分にありうる自然なことであり，C.I.が問題のない範囲であればあまり気にしなくてよいでしょう。

7.5 最終評価の算出

これまでに説明してきた方法で，他の評価基準「録画」「価格」に関しても同じように重みとC.I.を求め，また，評価基準の一対比較行列に対してもC.I.を求めた結果をまとめたものが，表7-8です。C.I.はいずれも基準内で，一対比較に問題はなさそうでした。

表7-8　評価基準ごとの代替案の重みと評価基準の重み

	サイズ	録画	価格		評価基準
A	0.072	0.109	0.506	サイズ	0.731
B	0.228	0.109	0.033	録画	0.188
C	0.521	0.500	0.057	価格	0.081
D	0.147	0.031	0.262	C.I.	0.032
E	0.032	0.250	0.142		
C.I.	0.134	0.047	0.088		

最後に，これらの結果を統合して，図7-1に示した最終目的である「購入する機種」に関して，5つの代替案から最善のものを探します。

機種Aに関する評価は，表7-8の青字の3つの値です。「サイズ」から見ればAの評価は0.072，「録画」から見れば0.109，「価格」から見れば0.506ということで，「サイズ」や「録画」の評価は低いですが，価格についてはかなり高く評価されていることがうかがえます。

この3つの評価を統合する最もシンプルな方法は，この3つの値を単純に足し合わせることです。他の代替案についても同じように単純に足し合わせれば，公平に比較することはできます。ただ，この表の右側，評価基準の重みを見るとわかるとおり，「サイズ」「録画」「価格」の3つの評価基準の間には，重要性に大きな差があります。今述べた単純に足し合わせる方法だと，この3つの評価基準が総合評価に与える影響はどれも等しくなりますが，重要性に大きな差がある以上，その差に応じて与える影響にも差をつけるほうがより適切です。

そこでAHPでは，評価基準の重みを用いて重み付き和を求め，その値をもって，それぞれの代替案の最終評価とします。つまり，以下のような計算をするということです。

$$
\begin{aligned}
A\text{の最終評価} &= \text{サイズから見たAの評価} \times \text{サイズの重要度} \\
&\quad + \text{録画から見たAの評価} \times \text{録画の重要度} \\
&\quad + \text{価格から見たAの評価} \times \text{価格の重要度} \\
&= 0.072 \times 0.731 + 0.109 \times 0.188 + 0.506 \times 0.081 \\
&= 0.114
\end{aligned}
$$

他の代替案の最終評価も同じようにして求められます。

$$
\begin{bmatrix}
0.072 \times 0.731 + 0.109 \times 0.188 + 0.506 \times 0.081 \\
0.228 \times 0.731 + 0.109 \times 0.188 + 0.033 \times 0.081 \\
0.521 \times 0.731 + 0.500 \times 0.188 + 0.057 \times 0.081 \\
0.147 \times 0.731 + 0.031 \times 0.188 + 0.262 \times 0.081 \\
0.032 \times 0.731 + 0.250 \times 0.188 + 0.142 \times 0.081
\end{bmatrix}
=
\begin{bmatrix}
0.114 \\ 0.190 \\ 0.480 \\ 0.134 \\ 0.082
\end{bmatrix}
$$

この回答者は評価基準「サイズ」をかなり重視し，次に「録画」をやや重視，「価格」はあまり気にしていませんでした。その結果，「価格」で評価が高かった機種Aは，「価格」の重みが小さくなり，最終評価では4番目でした。一方，「サイズ」「録画両面」で最も高い評価であった機種Cは，最終評価としても他より明らかに高い評価となりました。

AHPでは以上のように，代替案への評価を評価基準ごとに細分化することと，一対比較を用いることを通して評価を直感的に行いやすくします。そのうえで，評価基準の重要性を重みとした重み付き和を用いることで，評価基準の重要性も考慮したうえでの評価の統合を行います。この方法は，評価という意味ではとても容易です。

また，評価結果が直感と一致しているのであればその直感の裏付けとなり，一致しないのであれば，どうして一致しなかったのかを一対比較行列を見ながら検討することで，決定の評価を行うこともできます。その意味で，決定の補助ツールとしても有用です。

7.6 AHPの注意点

このように，さまざまな意思決定の場面で有用なAHPですが，注意が必要な点もあります。

1点目が，評価基準と代替案の定め方によって，結果が大きく変わってくるという点です。たとえば，先ほどの例について，もし「サイズ」を評価基準に入れ忘れていたら，どんな結果になったか考えてみます。「サイズ」に関連する部分以外変わらないと仮定すると，表7-9のようになります。相変わらず「録画」の評価が高い機種Cがトップな点は変わりませんが，「サイズ」を基準に入れている場合には，最下位だった機種Eが2位に上がるなど，他の順位が大きく変化してしまっています。このように，評価基準の定め方次第で順位が大きく変わってしまうため，必要かつ十分な評価基準を入れているか，きちんと検討したうえで計算する必要があります。

表7-9　評価基準「サイズ」を外した場合の重み

	録画	価格	最終評価		評価基準
A	0.109	0.506	0.208	録画	0.750
B	0.109	0.033	0.090	価格	0.250
C	0.500	0.057	0.390		
D	0.031	0.262	0.089		
E	0.250	0.142	0.223		

2点目は，計算量の問題です。AHPで取っている問題を評価基準ごとに細分化し，部分部分を求めたうえでそれを統合する方法は，先ほども説明した通り，評価を直感的に行いやすくする良い方法です。ただ，その副作用として，情報処理の量が大きく増えるという問題点があります。これは，代償型の意思決定ヒューリスティクス全体の問題とも言えるものですが，特にAHPのように一対比較を行った場合には，情報処理の量の増え方が甚大です。

一対比較の回数は，表7-2で説明したとおり，組み合わせによって求められます。評価基準3つ，代替案5つという今回のケースでは，評価基準は${}_3C_2=3\times2/2=3$回であり，代替案は${}_5C_2=5\times4/2=10$を評価基準の数である3回行うことになるので30回となり，合計すると33回の評価が必要です。このくらいの回数であれば，ある程度の時間があれば可能ですが，この回数は評価基準，代替案の個数が増えると爆発的に増大します。

評価基準の数が3で変わらないとしたとき，代替案が倍の10個に増えると${}_{10}C_2=10\times9/2=45$，$45\times3=135$となり，評価基準の比較に必要な3回を足すと合計138回となります。5回から10回と，代替案の数は倍になったのですが，評価回数自体は4倍以上に増えます。これが20個に増えると573回となり，さらに4倍以上に増えてしまい，現実的に可能な回数ではなくなってしまいます。

そこで，最初に選択ヒューリスティクスを説明した際にも述べたとおり，他の意思決定の手法を使って候補を絞り込むことが必要になります。一般的な意思決定の場合，代替案や評価基準の個数は，10個程度が限界であろうと言われています。

7.7 集団AHP

これまで見てきたAHPの手順は，個人が何かしらの意思決定を行うための方法でした。このAHPは，集団の意思決定にも拡張することができます。この拡張を行うことで，統計的手法のひとつとしてAHPを位置づけることもできるようになります。

集団に対してAHPを行う際の最もシンプルな方法は，意思決定参加者全員で相談して，1つの一対比較行列を作成することです。この方法では，これまでの個人AHPとまったく同じ計算で評価を算出することができます。あまりに単純すぎるやり方に見えるかもしれませんが，問題を評価基準と代替案とに分解して，評価するポイントを整理したうえで順番に検討できるため，議論の交通整理ができ，それだけでも十分に有意義です。

その他の集団での意思決定手法として，ここでは階層構造のなかに評価者を入れる方法と，複数人の一対比較行列を統合する方法の2つを紹介します。

7.7.1 評価者を階層構造のなかに加えるAHP

これまでAHPでは，最上位に最終的に決定する事柄を置き，2番目の階層にそれを評価するための評価基準，一番下の階層に評価の対象となる代替案を置いて検討してきましたが，AHPにおいては，階層の数は3つでなければならないということはありません。3つ以上であっても検討は可能です。最上位の階層と2番目の階層の間に，評価者という階層を入れたAHPを紹介します。

たとえば，父と母とで家に置くテレビを決めるという問題であれば，階層構造は図7-3のようになります。購入する機種を決めるのは「父」と「母」という評価者で，その「父」と「母」が評価基準と評価基準ごとの代替案の重要性を評価し，それを統合したうえで，最終的に得られた「父」と「母」の評価を統合するというモデルになります。

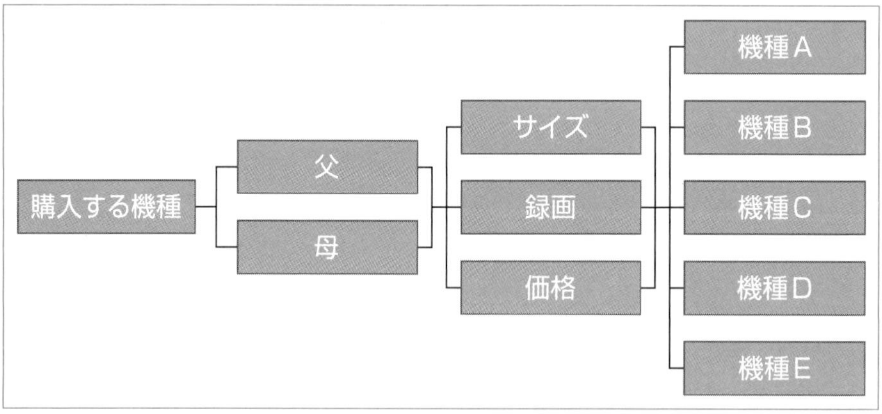

図7-3 階層「評価者」を加えたAHPにおける階層構造

ここで，評価者「父」の評価は，表7-4～表7-6のとおりです。この評価に加えて，同じものを評価者「母」にも回答してもらい，そこから代替案の重要性を求めます。

「母」の各代替案に関する一対比較の結果は表7-10，評価基準に関する一対比較の結果は表7-11，両評価者の最終評価は表7-12のとおりです。

とにかく画面サイズや性能にこだわって，価格は二の次で機種Cを選んだ父に対して，母はコストも重視した結果，32インチながら3万円台と，このなかでは格安モデルであったDを，

表7-10　評価者「母」の各代替案に関する一対比較の結果

サイズ	A	B	C	D	E	重み	C.I.
A	1	1/3	1/9	1/5	7	0.069	0.149
B	3	1	1/3	1	7	0.184	
C	9	3	1	7	9	0.551	
D	5	1	1/7	1	7	0.172	
E	1/7	1/7	1/9	1/7	1	0.025	
録画	A	B	C	D	E	重み	C.I.
A	1	1	1/7	7	1/5	0.089	0.133
B	1	1	1/7	7	1/5	0.089	
C	7	7	1	9	3	0.519	
D	1/7	1/7	1/9	1	1/7	0.025	
E	5	5	1/3	7	1	0.278	
価格	A	B	C	D	E	重み	C.I.
A	1	7	5	1	3	0.360	0.061
B	1/7	1	1/3	1/7	1/5	0.038	
C	1/5	3	1	1/5	1/5	0.067	
D	1	7	5	1	3	0.360	
E	1/3	5	5	1/3	1	0.174	

表7-11　評価者「母」の評価基準に関する一対比較の結果

	サイズ	録画	価格	重み	C.I.
サイズ	1	1	1/3	0.200	0.000
録画	1	1	1/3	0.200	
価格	3	3	1	0.600	

表7-12　両評価者の最終評価

	父	母	平均	重みつき和
A	0.114	0.248	0.181	0.214
B	0.190	0.077	0.133	0.105
C	0.480	0.254	0.367	0.311
D	0.134	0.255	0.195	0.225
E	0.082	0.165	0.124	0.144

僅差ではありますが第1候補としています。また，同じく格安であった機種Aも，僅差の3位となっています。一方で，高性能で父が第一候補とした機種Cも，同程度に高く評価しています。母は，全体的にバランス重視であったと言えるでしょう。

父母ともに「サイズ」のC.I.がやや高めに出ている一方，「価格」のC.I.は低くなりました。これは，「価格」は大小関係と善し悪しとが明確に連動していて，整合性の高い評価をしやすいのに対して，「サイズ」は大きすぎても小さすぎても良くないものであり，主観的な好みが入りやすいため，評価が不安定になることがあったと考えられます。

「録画」については，父のC.I.が低かった一方で，母はやや高くなりました。これは，父は性能がより高いものはより好ましく，より低いものはより好ましくないという単純な評価を行った一方で，母はその機能を本当に欲しいのかを考えながら検討したため，検討が難しくなったということでした。このように，主観的な好みが入りやすい部分ほど，整合的な評価は難しくなります。

この2人の評価を統合する最もシンプルな方法は，父の評価と母の評価の平均を求めることです。表7-12の平均の列がその結果です。この計算だと，父の評価と母の評価が同程度の重みとして計算されます。これは，父の評価と母の評価が同程度に重要であるという前提に立った考え方と言えます。

今回は，図7-3のように，階層「評価者」を階層構造に加えています。これは，購入する機種という観点から父と母との重要性を評価し，父と母が評価基準の重要性を評価し，評価基準からそれぞれの代替案の重要性を評価する，という階層構造になっていることを意味しています。そこで，表7-13のように，評価者の重要性の評価も行います。

表7-13　評価者の重要性の評価

	父	母	重み	C.I.
父	1	1/3	0.250	0.000
母	3	1	0.750	

評価者の重要性については，合議で決めるなどの方法が適切でしょう。この家庭では，母の意見のほうがやや重要である，という判断がなされました。評価は1回のみなので，整合性に問題が発生することはなく，C.I.は当然0です。ここで求められた重みを用いて，これまでと同じように，以下のように最終評価を求めます。

機種Aの最終評価
　＝父の最終評価×父の重み＋母の最終評価×母の重み
　＝0.144×0.250＋0.248×0.750＝0.214

すべての代替案に対してこの重みつき和で最終評価を求めた結果が，表7-12の重みつき和の部分です。2人とも機種Cを評価していたこともあって，結果そのものは大きく変わりませんが，平均を求めた結果と比較すると，機種Bと機種Eの評価が入れ替わるなど，全体的に母の評価に近い値になっています。なお，表7-13の評価者の重要性の評価で，父と母とは同等に重要であるとした場合，両者の重みが0.5になるため，2人の評価の平均を求めることと一致します。

7.7.2　一対比較行列を統合する集団AHP

前項で紹介した評価者を階層構造に加えるAHPは，「すべての意思決定参加者の価値は同等とは限らない」という，意思決定における重要な仮定を決定のなかに反映できるという意味で，価値のある方法です。ただ，この方法は，意思決定への参加者が増えれば増えるほど，現実的に実現困難な方法となります。こういった場合に集団の意思決定を統合する方法は複数ありますが，ここでは複数の意思決定参加者の一対比較行列を統合する方法を紹介します。

この考え方はとても単純で，一対比較の各要素について，すべての意思決定参加者の評価を平均するという方法です。ただ，前にも述べたとおり，一対比較行列自体は比のデータであるため，平均を求める際には算術平均ではなく，幾何平均を求めることになります。たとえば，評価基準「サイズ」に関して，表7-2の父の評価と表7-10の母の評価とを統合すると，以下の式のようになります。

$$
\begin{bmatrix}
\sqrt{1\times 1} & \sqrt{\frac{1}{3}\times\frac{1}{3}} & \sqrt{\frac{1}{7}\times\frac{1}{9}} & \sqrt{\frac{1}{5}\times\frac{1}{5}} & \sqrt{5\times 7} \\
\sqrt{3\times 3} & \sqrt{1\times 1} & \sqrt{\frac{1}{3}\times\frac{1}{3}} & \sqrt{3\times 1} & \sqrt{5\times 7} \\
\sqrt{7\times 9} & \sqrt{3\times 3} & \sqrt{1\times 1} & \sqrt{5\times 7} & \sqrt{9\times 9} \\
\sqrt{5\times 5} & \sqrt{\frac{1}{3}\times 1} & \sqrt{\frac{1}{5}\times\frac{1}{7}} & \sqrt{1\times 1} & \sqrt{5\times 7} \\
\sqrt{\frac{1}{5}\times\frac{1}{7}} & \sqrt{\frac{1}{5}\times\frac{1}{7}} & \sqrt{\frac{1}{9}\times\frac{1}{9}} & \sqrt{\frac{1}{5}\times\frac{1}{7}} & \sqrt{1\times 1}
\end{bmatrix}
=
\begin{bmatrix}
1.000 & 0.333 & 0.126 & 0.200 & 5.916 \\
3.000 & 1.000 & 0.333 & 1.732 & 5.916 \\
7.937 & 3.000 & 1.000 & 5.916 & 9.000 \\
5.000 & 0.577 & 0.169 & 1.000 & 5.916 \\
0.169 & 0.169 & 0.111 & 0.169 & 1.000
\end{bmatrix}
$$

このようにして，すべての一対比較行列を統合したうえで，これまでと同じように評価基準ごとの各代替案の重み，評価基準の重みを求め，それを統合して最終評価とすればよいわけです。

表7-14は，この式で求めた一対比較行列から幾何平均を求め，それを使って各代替案の重みを求めたもので，表7-15はそれらを用いて求めた各代替案の最終評価です。

表7-14　統合した一対比較行列を用いた評価基準「サイズ」における各代替案の重み

	幾何平均	重み
A	0.549	0.071
B	1.593	0.205
C	4.175	0.537
D	1.236	0.159
E	0.222	0.029

表7-15　統合した一対比較行列を用いた最終評価

	評価基準		録画	価格	最終評価
サイズ	0.480	A	0.098	0.406	0.170
録画	0.244	B	0.098	0.034	0.131
価格	0.277	C	0.506	0.059	0.397
		D	0.028	0.292	0.164
		E	0.262	0.150	0.119

実際のところ，前項で説明した決定参加者全員の最終評価の平均値を求める方法であれば，簡単に最終評価を求めることはできるのですが，その方法よりは決定に至ったプロセスを確認できるぶん，一対比較行列を統合する方法のほうが，より検討の材料にしやすいと考えられます。

このように，AHPや集団AHPを用いることで，複雑に絡み合う代替案，評価基準について，整理して最適な代替案を検討できると同時に，決定の過程を確認することができ，そこから自分の思考を整理することもできます。この2つがAHPを用いる大きなメリットと言えるでしょう。

Quiz

理解できたかチェックしてみよう！

問1：札幌，福岡，沖縄，ソウル，ハワイの5カ所から，旅行の行き先を決めることを考えています。もしあなたが関東地方在住で，飛行機や船に乗るのが苦手だとしたら，どのような選択ヒューリスティクスを用いるでしょうか。説明してください。

問2：9，$\frac{1}{6}$，18という3つの値の幾何平均を求めてください。

問3：問1の5つの代替案について，コストの安さ，観光の楽しさ，食事の美味しさという3つの評価基準から，AHPで検討します。つまり，以下のような階層構造を考えます。このとき，それぞれの評価基準ごとの代替案の一対比較，評価基準の一対比較のあわせて4つの一対比較行列を作成してください。

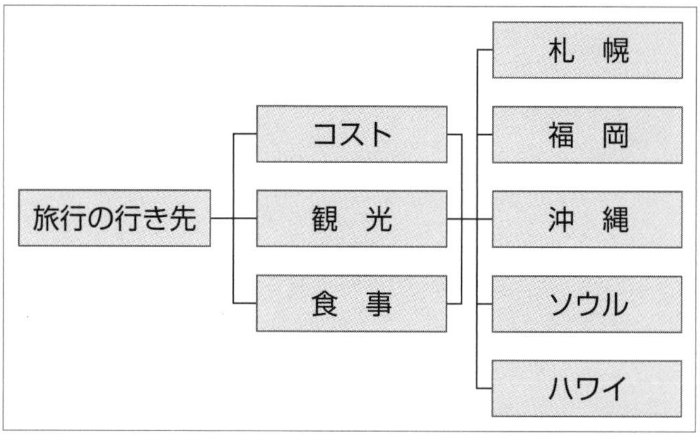

問4：ソフトウェア使って，問3で作成した一対比較行列からそれぞれの幾何平均を求め，そこから各種重みを算出してください。そのうえで，C.I.を算出し，一対比較行列に整合性があるか確認してください。最後に，重みを元にして最終評価を算出し，その結果について予想どおりだったか，どのような点が結果に影響を与えたと考えられるか，などを検討してください。

問5：ソフトウェアを使って，問3について，同じ一対比較行列を親しい誰かに作成してもらってください。そのうえで，階層構造に評価者を加え，2人の結果を統合して最終的な行き先などを検討してください。階層構造は下のようになります。そして，その結果について問4同様に検討してください。

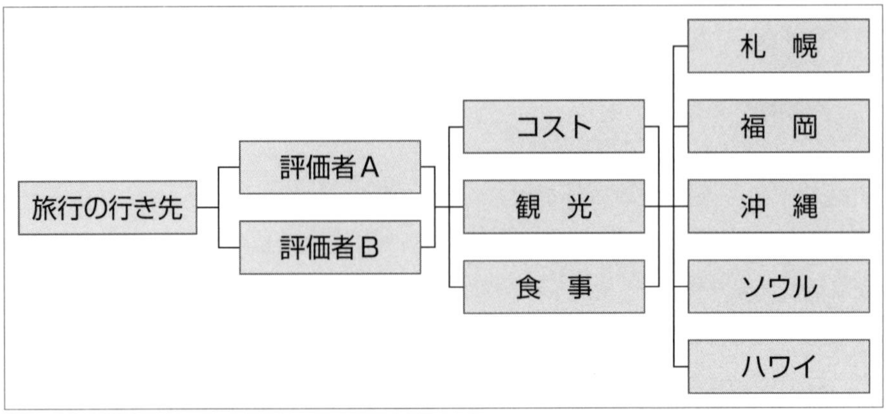
旅行の行き先
評価者A
評価者B
コスト
観　光
食　事
札　幌
福　岡
沖　縄
ソウル
ハワイ

付録 ── 各章のQuizの解答

第1章：Answer

問1. 要ソフトウェアにつき，解答は伴走サイトに掲載。

問2. $\sqrt{(12-4)^2+(29-6)^2+(5-1)^2+(7-2)^2}=\sqrt{64+529+16+25}=\sqrt{634}=25.179$

問3. $\sqrt{\frac{(0.5556-0.3684)^2}{0.4609}+\frac{(0.1111-0.1053)^2}{0.1130}+\frac{(0.1111-0.3158)^2}{0.2435}+\frac{(0.2222-0.2105)^2}{0.1826}}$

$=\sqrt{0.0760+0.0003+0.1721+0.0007}=0.4991$

問4. $\frac{0.1111}{\sqrt{0.1130}}=0.3305$

問5. 要ソフトウェアにつき，結果と解説は伴走サイトに掲載。

第2章：Answer

問1. 皆さん自身のイメージを問うものなので正解はありませんが，たとえば札幌～福岡の近さと，（比較を逆にしたときの）福岡～札幌の近さが等しくなっていること，札幌同士の近さは0になっていることを確認してください。

問2. この問題は人によって正解が異なります。デンドログラムでクラスター同士が併合される位置の高さが，クラスター間の距離になっている点を確認してください。参考までに問題1の例を元にデンドログラムを作成すると以下のようになります。

① 5つの都市間で最もイメージが近かったのは，沖縄とハワイでその距離は1です。そのため，高さ1で沖縄とハワイが併合されます。

② 次に近いのは札幌とソウルで，その距離は2となり，高さ2で札幌とソウルが併合されます。

③ 福岡と札幌の距離は3，福岡とソウルの距離は4となっています。この場合，最近隣法ではより近い距離3を福岡と，札幌とソウルで構成されたクラスターとの距離と考えます。この距離が次に近いものになり，高さ3で併合されます。

④ 残った2つのクラスター間の最短距離は，福岡沖縄間などの4になりますので，高さ4で全体が併合されています。

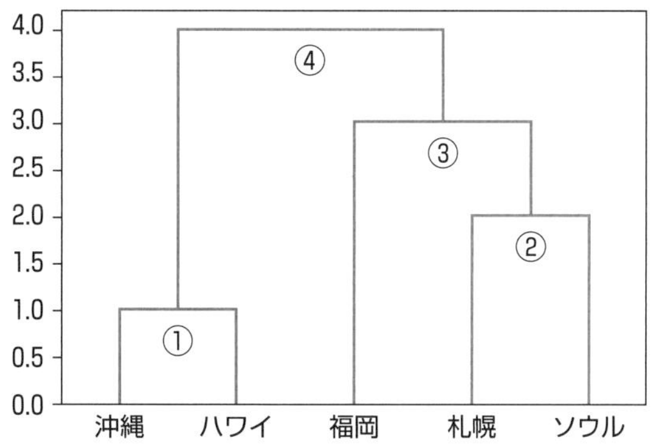

問3～5. 要ソフトウェアにつき，解答例は伴走サイトに掲載。

第3章：Answer

問1. 以下は解答例です。要因，水準をどこに割り当てるか次第で結果は変わりますが，どの割り当て方でも問題ありません。

プラン	行き先	添乗員	宿クラス
1	札幌	あり	エコノミー
2	札幌	なし	高級
3	福岡	あり	高級
4	福岡	なし	エコノミー

問2. 要ソフトウェアにつき，解答は伴走サイトに掲載。
問3. 要ソフトウェアにつき，解答は伴走サイトに掲載。
問4. 要ソフトウェアにつき，解答は伴走サイトに掲載。問題なく推定できていれば，表3-10，もしくは表3-11や，それに類する結果になるでしょう。
問5. 以下は考え方の一例です。

価格に関しては，10万円を境に評価が大きく下がりますので，10万円までに収めることを考えます。また，ブランドについては操作できませんので，自社ブランドの製品と他社ブランドの製品との比較のために使うようにします。3D表示に関しては，付加してもプラスにならないので外して問題ないでしょう。そのうえで，画面サイズと録画機能について，32インチから40インチに上げるのと，内蔵HDDからBlu-rayと内蔵HDDの組み合わせを入れるのとで，同程度に評価を上げることができるというような点から，どの機能を優先するか選択します。

第4章：Answer

問1～5. 要ソフトウェアにつき，解答は伴走サイトに掲載。

第5章：Answer

問1. 4つの商品の魅力をそれぞれDの魅力である8で割ると，A：0.625，B：0.75，C：1.25，D：1となります。

この4つの魅力の合計は3.625となり，商品Aを購入する確率は $\frac{0.625}{3.625}=0.172$ です。

問題2～5. 要ソフトウェアにつき，解答は伴走サイトに掲載。

第6章：Answer

問1. それぞれの商品の購入確率は，10人のトランザクション・データ中，商品Aを含むトランザクションは2つ，Bを含むのは5つのようになり，以下のようになります。

$$P(A)=\frac{2}{10}=0.2,\ P(B)=0.5,\ P(C)=0.5,\ P(D)=0.7,\ P(E)=0.7$$

10のトランザクションのうち，BとEの両方を含むのは以下のとおり4つです。

$$\{B, D, E\},\ \{A, D\},\ \{D, E\},\ \{B, C, E\},\ \{D\},$$
$$\{C, D, E\},\ \{B, C, D, E\},\ \{C, E\},\ \{A, B, D, E\},\ \{B, C\}$$

よって，$P(B\cap E)=0.4$ となります。

このトランザクション・データからBを含むもののみ取り出すと以下の5つです。

そして，この5つのトランザクションの中にはEを含むものは4つあります。

$$\{B, D, E\},\ \{B, C, E\},\ \{B, C, D, E\},\ \{A, B, D, E\},\ \{B, C\}$$

よって以下のとおりです。

$$P(E|B)=\frac{4}{5}=0.8$$

問2. それぞれの商品の購入確率は問1で求めたとおりです。ここから，商品Aはサポートの基準を満たさず，商品Aに関連した組み合わせもまた，サポートの基準を満たさないことになります。よって，残るのは {B}，{C}，{D}，{E} の4商品です。

この4種の商品から2つを取り出す組み合わせは6通りあり，それぞれの同時確率は以下のとおりです。

$$P(B\cap C)=0.3,\ P(B\cap D)=0.3,\ P(B\cap E)=0.4$$
$$P(C\cap D)=0.2,\ P(C\cap E)=0.4,\ P(D\cap E)=0.5$$

ここから，CとDの組み合わせのみ基準0.3を下回ります。そのため，残るのは {B, C}，{B, D}，{B, E}，{C, E}，{D, E} という5通りの組み合わせです。

B, C, D, Eから3種取り出す組み合わせは，逆に言えば，この4商品から組み合わせに含めないものを1つ選べばいいので，4通りになります。また，CとDの両方が含まれる場合，その組み合わせの同時確率は基準を下回りますので，4通りのうちCもしくはDを除いた2通りの組み合わせのみ検討すればよくなります。それぞれ以下のとおりです。

$$P(B\cap C\cap E)=0.2,\ P(B\cap D\cap E)=0.3$$

よって，{B, D, E} の組み合わせのみが条件を満たすことになります。この組み合わせに商品Aを追加するのは，そもそもP(A) = 0.2なので成立しませんし，Cを追加するとCとDとの組み合わせができてしまうので，P(C∩D) = 0.2よりやはり成立しません。したがって，これでサポート0.3を満たす組み合わせはすべて得られたことになります。

問3. サポートは問2で求めたとおり同時確率であり，P(B∩E) = 0.4です。信頼度は問題1で求めたとおり，B購入という条件の下でのE購入の確率，P(E|B) = 0.8でした。リフトは，何も条件がないときに比べて，Bを購入したという条件が与えられた場合に，Eを購入する割合がどれだけ増えるのか，その比なので，以下のとおりとなります。

$$\frac{P(E|B)}{P(E)}=\frac{0.8}{0.7}=1.143$$

サポートが0.4ありますので，このルールに当てはまるケースはかなり多いです。また，このルールに該当する場合，実際にEを購入する確率は80%あり，かなり高いです。そして，条件が与えられる前の購入確率が0.7で，リフト1.143より，購入確率は1.143倍に上がっています。条件が与えられたことにより，Eを購入してくれるという可能性が高まっており，望ましいルールと言えます。全体的に，かなりいいルールと言えるでしょう。

問題4～5. 要ソフトウェアにつき，解答は伴走サイトに掲載。

第7章：Answer

問1. 分離型ヒューリスティクスで，「飛行機や船に乗らなくても行ける場所」を設定し，最初に現れた札幌を選択する，もしくは「飛行機に乗らず6時間以内に行ける場所」と設定して，福岡を選択するなどが考えられます。

問2. 幾何平均の定義より以下のとおりです。

$$\sqrt[3]{9\times\frac{1}{6}\times 18}=\sqrt[3]{27}=\sqrt[3]{3\times3\times3}=3$$

問3. コストの面からの一対比較行列は，たとえば以下のようになります。

コスト	札幌	福岡	沖縄	ソウル	ハワイ
札幌	1	1/5	3	5	7
福岡	5	1	5	7	9
沖縄	1/3	1/5	1	3	5
ソウル	1/5	1/7	1/3	1	3
ハワイ	1/7	1/9	1/5	1/3	1

この回答者は，コスト面から見て，札幌は福岡よりもかなり重要ではない（1/5），逆に福岡から見て札幌はかなり重要である（5），と回答していることになります。このような一対比較行列を，観光面，食事面から同様に作成します。

評価基準間の一対比較行列は，たとえば以下のとおりです。

	コスト	観　光	食　事
コスト	1	1/5	1/3
観　光	5	1	3
食　事	3	1/3	1

この回答者は，コストと食事では，コストのほうがやや重要ではない（1/3），逆に食事とコストでは，食事のほうがやや重要である（3）と回答しています。

問4. 要ソフトウェアにつき，解答は伴走サイトに掲載。

問5. 要ソフトウェアにつき，詳細な解答は伴走サイトに掲載。評価基準ごとの代替案の一対比較行列や，評価基準間の一対比較行列に加え，以下のような評価者間の一対比較行列を作成することになります。この場合，評価者Aは，評価者Bに比べてかなり重要ではない（1/5）ことになります。

	評価者A	評価者B
評価者A	1	1/5
評価者B	5	1

索　引

タ　行

ナ　行

ハ　行

マ　行

ヤ　行

ラ　行

アルファベット

著者紹介

齋藤 朗宏（さいとう　あきひろ）

【第 1 著者：写真左】
1979 年生まれ。
早稲田大学大学院文学研究科博士課程単位取得退学。現在，北九州市立大学経済学部准教授，博士（文学）
専門：心理統計学，教育測定学，テスト理論
主著訳書：『購買心理を読み解く統計学』（共著）東京図書 2006 年，『数理統計学ハンドブック』（分担訳）朝倉書店 2006 年，『項目反応理論（理論編）』（共著）朝倉書店 2005 年，『共分散構造分析（技術編）』（共著）朝倉書店 2003 年，『共分散構造分析（疑問編）』朝倉書店 2003 年

読者の皆さんへ：
本書で取り上げたさまざまな手法は，私自身としては，理解していて使っている手法ばかりであるつもりでした。しかし，本書を執筆し，また，本書執筆途中の内容を元にした授業を行う過程では，自分の知識や理解の穴に気づかされることばかりでした。よく言われることですが，教えることが学びとなることを改めて実感しています。皆さんも是非，学ぶ過程のなかで，それを人に教えるということをイメージしていただければと思います。

荘島 宏二郎（しょうじま　こうじろう）

【シリーズ編者・第 2 著者：写真右】
1976 年生まれ。
早稲田大学大学院文学研究科博士課程単位取得退学。現在，大学入試センター研究開発部准教授，博士（工学）
専門：心理統計学，多変量解析，教育工学
主著書：『学力：いま，そしてこれから』（共著）ミネルヴァ書房 2006 年，『学習評価の新潮流』（共著）朝倉書店 2010 年

読者の皆さんへ：
久々に母校のキャンパスに行き，後輩たちに授業しました。母校での授業はいいもんですな。授業後，恩師とお昼ごはんへ。ひょんなことから貯蓄や投資の話へ。「投資はギャンブルと同じだからやらない」と申し上げたら，「統計学者としての視野が狭い。1 つ 1 つの株価の変動はランダムウォークかもしれないがウォークの和にはトレンドがある」とお叱りを。とりあえず積み立て NISA 始めました。

心理学のための統計学 8

消費者心理学のための統計学
――市場調査と新商品開発

2022年9月10日　第1刷発行

著　者　齋　藤　朗　宏
　　　　荘　島　宏二郎
発行者　柴　田　敏　樹
印刷者　日　岐　浩　和

発行所　株式会社　誠　信　書　房
〒112-0012　東京都文京区大塚 3-20-6
電話　03 (3946) 5666
https://www.seishinshobo.co.jp/

印刷所／中央印刷　製本所／協栄製本
検印省略　　落丁・乱丁本はお取り替えいたします
ISBN 978-4-414-30194-6　C3311　　Printed in Japan